U0423506

# 中山大学
# 材料科学与工程学院大事记

（2014—2024）

主　编　杨国伟　李伯军

副主编　许俊卿　董秋娉

·广州·

图书在版编目（CIP）数据

中山大学材料科学与工程学院大事记：2014—2024 / 杨国伟，李伯军主编；许俊卿，董秋娉副主编 . -- 广州：中山大学出版社，2024. 10. -- ISBN 978-7-306-08178-0

Ⅰ. G649.286.51

中国国家版本馆 CIP 数据核字第 20249JG473 号

ZHONGSHAN DAXUE CAILIAO KEXUE YU GONGCHENG XUEYUAN DASHIJI：2014—2024

出 版 人：王天琪
策划编辑：粟　丹　翁慧怡
责任编辑：翁慧怡
封面设计：曾　婷
责任校对：刘　丽
责任技编：靳晓虹
出版发行：中山大学出版社
电　　话：编辑部　020-84110283，84113349，84111997，84110779，84110776
　　　　　发行部　020-84111998，84111981，84111160
地　　址：广州市新港西路 135 号
邮　　编：510275　　　　　传　真：020-84036565
网　　址：http：//www.zsup.com.cn　　E-mail：zdcbs@mail.sysu.edu.cn
印 刷 者：佛山市浩文彩色印刷有限公司
规　　格：787mm × 1092mm　1/16　　20.5 印张　　265 千字
版次印次：2024 年 10 月第 1 版　　2024 年 10 月第 1 次印刷
定　　价：88.00 元

谨以此书献给中山大学一百周年华诞

（1924 — 2024）

《中山大学材料科学与工程学院大事记（2014—2024）》

## 编委会


**主　编**　杨国伟　李伯军

**副主编**　许俊卿　董秋娉

**编　委**　（按姓氏音序排列）

曹　波　黄艳月　梁苑蓝

罗雅之　肖子博　朱　蕾


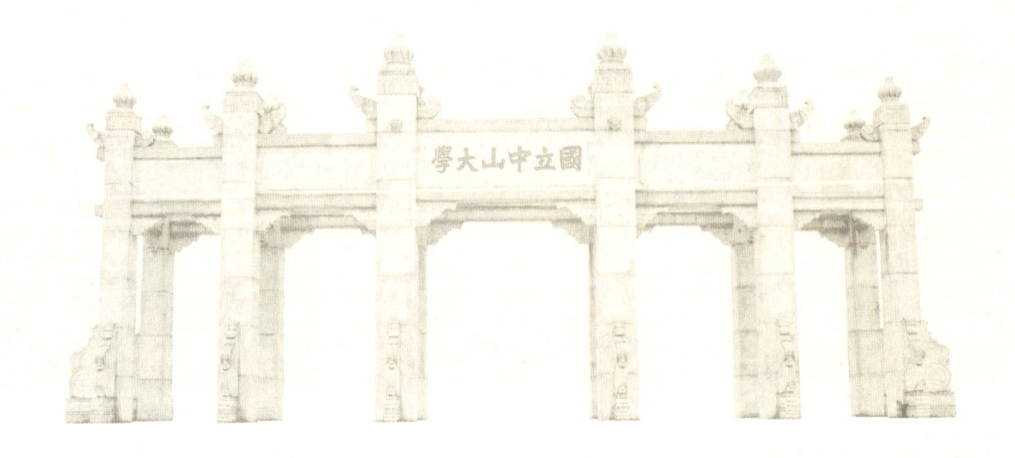

# 前言

中山大学材料科学与工程学科有着悠久的历史。1924 年，孙中山先生手创国立广东大学之初的物理专业就设有金属物理方向，自此，开启了中山大学材料科学与工程学科的创建之路。学科的发展随着时代的发展而变化，为紧跟国际科学与工程的发展潮流，20 世纪七八十年代，中山大学的基础学科也开始发展，例如，物理学和化学等学科开始探索将纯粹的物理学和化学向应用物理和应用化学拓展，当时的物理系和化学系就出现了涉及材料科学的若干研究。曾汉民教授组织一批高分子化学教师开展聚合物材料（即高分子材料）研究，取得了重要成果，并成立了独立的中山大学材料科学研究所。物理系的半导体物理教研室开展了半导体材料与器件研究，金属物理教研室开展了金属功能材料与应用研究，并取得了多项有重要应用价值的科研成果。进入 21 世纪，材料科学研究在中山大学呈现星火燎原之势。

2004 年，黄达人校长在任期间，原物理科学与工程技术学院在杨国伟教授的牵头下曾向学校报请成立材料系，但因时机尚未成熟，设系一事未能实现。到了 2014 年，材料科学与工程学科已经在中山大学取得了长足进展，杨国伟教授再次向学校提交报告，建议成立独立的材料学院，时任中山大学发展规划办公室主任的杨清华对此进行了详细的论证，并及时向时任校长的许宁生院士进行了汇报，提议成立独立的材料科学与工程学院。随后，学校于 2014 年 1 月发文成立材料科学与工程学院（筹），任命杨国伟教授为执行院长。2014 年 1 月至 2015 年 12 月，杨国伟执行院长牵头，就材料科学与工程学院的筹备和建设方案多次向许宁生校长和杨清华主任汇报。根据筹备方案，材料科学与工程学院定位为帮助推动学校向世界一流大学的目标迈进，学院自身建设要高水平、有特色，并要为学校重点发展的应用与工程学科群形成有力的支撑，办学地点规划在东校园。

2015 年，罗俊院士出任中山大学校长后，通过调研考察，认为学校已经具备了成立材料科学与工程学院的条件。学校于 2015 年 12 月发文，正式成立材料科学与工程学院，任命杨国伟教授为院长，李永乐为院党委书记，刘芳为院党委副书记。2016 年 1 月 17 日，15 名原化学与化学工程学院的教师选择调入材料科学与工程学院；2 月 26 日，原物理科学与工程技术学院的 27 名教师选择调入材料科学与工程学院；3 月 31 日，3 名党政管理人员调入材料科学与工程学院。至此，材料科学与工程学院的第一批教职员工共 48 人到位，开始了创建新学院的征程。通过这些教职员工的付出与努力，学院逐渐从一份份筹建方案、会议纪要中的展望变成现实。从新大楼的规划和功能需求、招生专业的确定、教研室的成立、培养方案的制定，到教师的引进、场地的落实等，这批学院的先行建设者一笔一画地勾勒出学院的框架蓝图，再通过一砖一瓦将其搭建。

2020年，位于东校园的化学材料综合楼完工并交付使用。2020年8月，学院党委书记李伯军带领学院6名党政管理人员率先搬迁至新大楼；2021年3月，科研实验室、教师办公室完成整体搬迁。至此，分散在南校园十几栋小楼里办公的教职工，以及在东校园培养的本科生需“跨校园工作、学习”的时代宣告结束，学院开启了集中整建制办学的崭新篇章，迎来了快速发展的黄金期。全院上下一心、团结奋进，各项事业成绩斐然！材料科学与工程学科于2016年入选国家首批“双一流”建设学科，并在2021年连续入选国家“双一流”建设学科名单，学科建设的客观可比指标稳步攀升，ESI“材料科学”全球学科排名第60名（前1‰）、ARWU国际材料科学和工程学科世界排名第38名、USNews世界大学材料科学学科排名第43名、QS世界大学材料科学专业排名第94名。

为全面记录学院的创建和发展，本书以时间为线索，采用编年体的形式，按年份和月份记录学院成长发展十年间的大小事件，为读者呈现学院事业发展的过程全貌。学院发展的十年，也是中山大学改革发展、大步向前的十年，希望本书能起到以点见面的效果，读者可以从中窥见学院不同发展阶段的特点，也希望本书能成为学院全体建设者共同的珍贵记忆。

# 目录

## 2014年



## 2015年



## 2016年

## 2017 年



## 2018 年

## 2019 年



## 2020 年

## 2021 年



## 2022 年

# 2014年

# 1 月

1 月 9 日，中山大学（简称“中大”）经研究决定成立材料科学与工程学院（筹），并任命杨国伟为材料科学与工程学院（筹）执行院长（见图 1、图 2、图 3）。

中大组〔2014〕1号

## 关于成立中山大学材料科学与工程学院（筹）等的通知

各二级党委（党总支）、党工委，校机关各部、处、室，各学院、直属系，各直属单位，各附属医院（单位），后勤集团，产业集团：

经研究决定：

成立中山大学材料科学与工程学院（筹）；

成立中山大学电子科学与技术学院（筹）。

中 山 大 学

2014年1月9日

中山大学校长办公室　　　　2014年1月9日印发

图 1 《关于成立中山大学材料科学与工程学院（筹）等的通知》

中大干〔2014〕6号

## 关于王雪华等任职的通知

各二级党委（党总支）、党工委，校机关各部、处、室，各学院、直属系，各直属单位，各附属医院（单位），后勤集团，产业集团，各有关科研机构：

经研究决定：

任命王雪华为研究生院副院长；

任命杨国伟为材料科学与工程学院（筹）执行院长。

校长：许宁生

2014年1月9日

中山大学校长办公室　主动公开　2014年1月16日印发

图2　《关于王雪华等任职的通知》

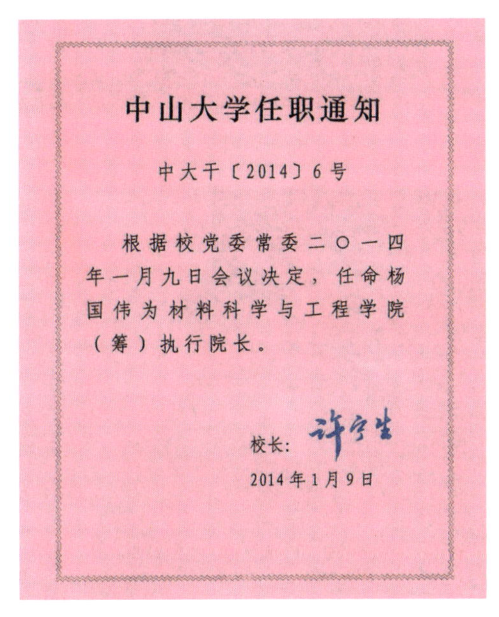

中山大学任职通知

中大干〔2014〕6号

根据校党委常委二〇一四年一月九日会议决定，任命杨国伟为材料科学与工程学院（筹）执行院长。

校长：许宁生

2014年1月9日

图3　《中山大学任职通知》

1 月 17 日，中山大学副校长朱熹平在召开于南校园十友堂 300 室的物理科学与工程技术学院教师大会上宣布成立材料科学与工程学院（筹）（见图 4），组织部正处级组织员黄小华宣布杨国伟为材料科学与工程学院（筹）执行院长的任命。杨国伟院长发表了就任感言（见图 5）。

图 4　朱熹平副校长讲话

图 5　杨国伟执行院长发言

2014 年 1 月至 2015 年 12 月，杨国伟执行院长就材料科学与工程学院的筹备和建设方案多次向校长许宁生和中山大学发展规划办公室主任杨清华汇报。

# 8 月

8 月 18 日，学校在中山楼 501 室召开材料学院筹建讨论会，就筹建事项进行讨论。许宁生校长、发展规划办公室主任杨清华，以及杨国伟教授参加会议。会后，形成工作会议纪要（见附件 1）。

**附件 1**

## 材料学院筹建工作讨论会纪要

材料学院筹建讨论会于 2014 年 8 月 18 日在中山楼 501 室举行，会议主要讨论了以下事项。

**一、关于学院建设定位**

要推动学校向世界一流大学的目标迈进，内涵主要包括两个方面：一是学院自身建设要走高水平、有特色的路线；二是要为学校重点发展的应用与工程学科群形成有力支撑。

**二、关于学科方向设置**

学院要做好学科方向的规划设计。学科方向设置既要有材料学重要的基础性领域，也要考虑前沿特色领域。应该综合考虑学校办学基础、广东省的需求和国际发展趋势，具体有以下几个方面：一是要考虑与学校的优势领域即大生命科学领域相结合，形成互相支撑；二是要与微电子领域相结合，适应广东省的发展需求；三是要考虑学校目前在材料学领域的研究基础，主要是微纳尺度的材料物理与化学研究。

由杨国伟召集国际国内专家，就学科方向设置问题，基于上述考虑进一步深入研讨。同时关注以下几个问题。

（1）材料学院的名称是沿用传统的名称，还是基于材料前沿领域重新确定名称。

（2）是否要将学校传统的材料科学的方向（如金属材料、高分子材料等）作为学院的学科方向。

（3）学科方向是否应设置得宽泛一些，如无机材料、生物材料等。

（4）学科方向的设置主要考虑引领前沿研究的领域。

**三、关于学院建设模式和架构**

要进一步深入研究国际国内一流材料学院建设模式和架构，并形成报告，重点关注传统的高水平学院以及发展历史较短的优秀学院这两类。在此基础上，考虑我校材料学院的建设模式和架构，并进一步完善筹建方案，鼓励学院探索新的办学模式，可以考虑以下两个要点。

（1）学院重点考虑引进高水平人才（学校“百人计划”以上的人才），引进人才的薪酬可以适当提高。

（2）学院初期可以考虑先以研究为主（比如 3 年内），然后再考虑与化工学院和理工学院的材料相关本科专业进行调整整合。

此项工作主要由杨国伟负责，于 10 月中旬完成上述各项工作，并形成筹建方案报学校讨论决定。

**四、关于学院筹建的条件支撑**

（1）学院选址初步考虑在东校园。

（2）学校提供一笔启动经费供学院筹建运转，建议从“985 工程”专项经费列支。

参会人员：许宁生、杨国伟、杨清华。

# 11 月

11 月，在杨国伟教授牵头下，经召集专家讨论，由杨国伟教授执笔制定《中山大学材料学院筹建方案》（见附件 2）。

**附件 2**

## 中山大学材料学院筹建方案

**一、材料学院筹建的基本方针**

材料学院的建设分为两个阶段，即筹建期（3 ～ 5 年）和建设期（筹建期后的 5 ～ 7 年）。

学院筹建阶段的基本策略：①不涉及目前理工学院、化学化工学院及其他相关学院的人力和物力资源；②不招收本科生，只招收研究生和博士后；③所有教师均通过全球公开招聘的方式引进，邀请海外发达国家的优秀青年人才和国际上具有较大影响力的知名学者来院任教。

学院筹建阶段的基本目标：①建立国际高水平的师资队伍；②形成有显著优势和鲜明特色的学科领域和方向；③构建材料科学专业本科教学课程体系和培养方案，建立从本科教育到研究生教育再到博士后培养等一套完整的学位教育系统。

材料学院将设在东校园，在学院筹建阶段，学校将提供满足需求的集中行政和科研的用房；同时，启动修建独立的“材料科学楼”或另辟相对独立的发展空间。

## 二、学院总体建设方案

（一）建设目标

1. 总体目标

材料学院的筹建将充分发挥目前中山大学在材料科学领域的综合性优势和多学科特色方向，结合国际材料科学的发展趋势和国家及广东省对材料科学的重大需求，支撑学校优势领域［如大生命科学（生物医用材料）、大信息科学（微电子与光电子材料）和大物质科学（材料物理与化学）］的发展，以及顺应国际材料科学的发展趋势（新能源与环境材料），促进学校应用与工程学科群的交叉和融合。同时，以新的办学理念，通过大力度地引进海外优秀青年人才，用 10 年时间，将材料学院基本建成国际一流的人才培养、科学研究及技术创新的重要基地和平台，推动我国材料科学的发展。

2. 具体目标

（1）学科建设。

建立完整、系统的学位教育和学科发展体系，将材料科学与工程建设成为具有国际影响（进入 ESI 全球前 1‰）的优势学科。

（2）队伍建设。

通过大力度地引进海外发达国家的优秀青年人才和国际具有较大影响力的知名学者，建立先进的教师评价和激励机制，建设一支规模适当、结构合理的高水平师资队伍。

（3）人才培养。

材料学院将培养具有国际水平的材料科学各层次创新型人才，包括学术和工程。材料学院的人才培养分为两个阶段：第一阶段即筹建期（3～5年），主要是研究生和博士后培养，暂时不招收本科生；第二阶段即建设期（筹建期后的5～7年），开始招收本科生。

（4）科学研究。

材料学院将开展材料科学与工程的基础和应用研究，形成一系列具有显著优势和鲜明特色的研究领域和研究方向，推动学校材料科学及相关学科的发展。目前，筹建的四个研究领域分别是生物医用材料、微电子与光电子材料、能源与环境材料、材料科学基础。生物医用材料和微电子与光电子材料的研究将极大地支撑学校优势领域大生命科学和大信息科学的发展；先进能源与环境材料研究是目前国际材料科学前沿的重要热点和焦点之一，也是材料科学发展的主流方向之一；而材料科学基础研究则是学校优势领域大物质科学发展的重要内容，它将主要关注微纳尺度下材料的生长、结构和物性。

（二）建设思路

1. 组织架构

（1）学系设置。

1）生物医用材料系，主要专业内容包括生物材料与应用、医用材料与器件、生物医学工程等。

2）微电子与光电子材料系，主要专业内容包括微电子材料与应用、光电子材料与应用、半导体器件与器件物理等。

3）能源与环境材料系，主要专业内容包括先进能源材料与应用、先进环境材料与应用、新能源器件等。

4）材料物理与化学系，主要专业内容包括材料物理、材料化学、纳米材料与纳米结构。

（2）管理机构。

学院管理机构拟设置三个部分：①院长办公室；②负责行政、人事、财务、后勤、学生管理等工作的行政管理办公室；③负责本科和研究生教学管理、科学研究与学术交流等工作的教学与研究生管理办公室。

1）院长办公室。

院长 1 人，主持学院的行政全面工作，分管师资队伍和学科建设。

学术副院长 1 人，分管教学（本科和研究生）、科学研究、学术交流。

行政副院长 1 人，分管日常行政工作、实验室与设备建设。

2）行政管理办公室。

办公室主任 1 人（行政副院长兼），负责学院日常行政管理工作的统筹及协调。

人事与财务秘书 1 人，学生管理秘书 1 人，实验室与设备秘书 1 人。

3）教学与研究生管理办公室。

办公室主任 1 人（学术副院长兼），负责教学与科研日常管理工作的统筹及协调。

本科教学秘书 1 人，研究生教学秘书 1 人，科研与学术交流秘书 1 人。

（3）教师队伍。

学院的教师分为两类：学术型教授（professor）和教学型讲师

（instructor）。学术型教授由一批以中青年学术骨干为主体、具有层次结构和梯度的教授、副教授和助理教授组成；教学型讲师（固定聘期）负责本科生和研究生的基础课教学。

学术型教授：正教授10人，副教授10人，助理教授20人。

由于筹建期将不招收本科生，所以在筹建期内将暂不考虑设置教学型讲师岗位。

1）工程技术人员。

学院的工程技术人员分为两类：研究型工程技术人员负责学院的“材料基础科学实验室”的大型科学仪器的使用和维护；教学型工程技术人员负责学院的基础教学实验室和专业教学实验室的管理和仪器维护。

研究型工程技术人员5人。

由于筹建期将不招收本科生，所以在筹建期内将暂不考虑设置教学型工程技术人员岗位。

2）科研平台。

学院的科学研究将依托教授的科学实验室和国家及省部级重点实验室开展。学院有两个主要的公共研究平台作支撑：一个是中山大学光电材料与技术国家重点实验室；另一个是学院的“材料基础科学实验室”，是学院的公共研究平台。“材料基础科学实验室”是一个科学研究实验室，将为材料学研究人员提供基本的材料结构和物性表征。

3）教学平台。

学院筹建时期（3～5年）将以研究生和博士后培养为主，不招收本科生。研究生的基础课程学习将依托理工学院和化学化工学院完成，学位论文研究将在导师自己的实验室完成。

筹建期结束后（3～5年后），学院将整合中山大学已有的材料科学的本科教育，并设“材料科学与工程”本科专业，届时将与理工学院和化学化工学院相关专业（材料物理和材料化学）进行充分协商和协调，建立完备的中山大学材料学科的本科教学平台。

2. 学科建设

材料学院的建立将填补中山大学没有相对完整的材料科学教育和研究体系的空白，同时有力地支撑学校优势领域［如大生命科学（生物医用材料）、大信息科学（微电子与光电子材料）和大物质科学（材料物理与化学）］的发展，极大地促进学校应用与工程学科群的交叉和融合。学科建设将主要围绕着学科布局、人才引进、实验室建设和研究生培养等四个方面开展。

（1）学科布局。

材料学院的学科布局主要基于四点考虑：①国家和广东省对材料科学的重大需求；②国际材料科学发展的趋势；③学校目前在材料科学研究中的优势和特色领域与方向；④对学校优势领域（如大生命科学、大信息科学和大物质科学）发展的支撑。因此，布局了四个学科领域，即生物医用材料、微电子与光电子材料、能源与环境材料、材料科学基础。

（2）人才引进。

材料学院的教师将全部通过全球招聘的方式引进，充分利用国家的人才计划和学校的“百人计划”引进海外发达国家的优秀青年人才和国际具有较大影响力的知名学者，组成学术层次有序、年龄结构合理、人数规模适中的教师队伍。

（3）实验室建设。

材料学院的实验室建设有两个层面。第一个层面是教授自己的实验室建设，这将由教授自己全权负责；第二个层面是学院的“材料基础科学实验室”，这是一个为全院教授提供材料科学基础研究的公共平台，基本的功能就是为材料学家提供“材料结构和物性的表征”。

（4）研究生培养。

学院将根据筹建期的师资规模来制定当年的研究生招生计划。研究生的基础课程学习将依托理工学院和化学化工学院完成，学位论文研究将在导师自己的实验室完成。

3. 师资队伍建设

材料学院的师资队伍将由三部分构成：学术型教师（教授）、教学型教师（讲师）和工程技术人员（教辅人员）。

（1）学术型教师（教授）：由正教授（永久职位）、副教授（永久职位）和助理教授或特聘教授（固定任期）构成。助理教授或特聘教授在设定的固定任期内“非升即走”。

（2）教学型教师（讲师）：教学型教师只有一个职称，即讲师，但是有两类，一类是无固定任期讲师（永久职位），另一类是固定任期讲师。固定任期讲师在获聘连续两个任期后可以申请无固定任期讲师。

由于筹建期将不招收本科生，所以在筹建期内将暂不考虑设置教学型讲师位置。

（3）工程技术人员（教辅人员）：由研究型工程技术人员和教学型工程技术人员构成。研究型工程技术人员负责学院的“材料基础科学实验室”的大型科学仪器的使用和维护，属于工程师序列，分为无固定任期工程师（高级工程师）和有固定任期工程师（助理工程师和工程师）；教学型工程技术人员负责学院的基础教学实验室和专业教学实验室的管理和仪器维护，属于教学型教师序列。

由于筹建期将不招收本科生，所以在筹建期内将暂不考虑设置教学型工程技术人员位置。

学院筹建期拟建成总数约 45 人的教师队伍：研究型教师 40 余人，研究型工程技术人员 5 人。

（三）学院筹建期具体建设方案

1. 目标和规划

（1）学科建设。

学院在筹建期内，将在生物医用材料、微电子与光电子材料、能源与环境材料、材料科学基础（材料物理与化学）等四个领域形成有显著优势和鲜明特色的学科领域和方向。

（2）队伍建设。

通过全球招聘的方式，利用国家的人才计划和学校的“百人计划”途径，引进海外发达国家的优秀青年人才和国际具有较大影响力的知名学者，组成学术层次有序、年龄结构合理、人数规模适中的教师队伍。

具体规模为：每年引进 5 ～ 8 名左右教师，3 ～ 5 年筹建期内引进 45 名左右各类人才。

（3）人才培养。

学院筹建期只招收研究生和博士后，同时开始构建材料科学专业本科教学课程体系和培养方案，在筹建期内建立从本科教育到研究生教育再到博士后培养等一套完整的学位教育系统。

研究生和博士后具体招生规模将根据当年的引进人才数目而定，每人每年拟招研究生 2 名、博士后 1 名。

（4）科学研究。

学院筹建期的科学研究将重点放在科学研究实验室的建设，主要包括两类实验室：一类是教授研究实验室，另一类是学院的公共研究平台“材料基础科学实验室”。

2. 筹建期所需支撑条件

（1）行政管理。

材料学院在筹建期（3～5年）需要有一定的行政管理支撑日常工作，因此，建议配置三个固定编制：副院长1名（行政兼学术），行政助理1名，学术助理1名，以及非固定助理编制3～5名。同时，每年划拨一定的行政管理经费。

具体办公用房：110平方米[院长办公室（15平方米）、副院长办公室（15平方米）、综合办公室（40平方米）和会议室（40平方米）]。

（2）科研平台建设。

学院在筹建期内将建设用于材料科学基础研究的公共实验平台，即"材料基础科学实验室"，需要较多的经费（主要是大型仪器设备）和场地投入。

具体规划：实验室用房500平方米；设备预算：3000万元～5000万元。

（3）教师用房。

学院在筹建期所需教师用房包括教授办公室和实验室。筹建期拟每年引进5～8名教师（教授、副教授、助理教授），3～5年内引进约40名教师。

具体规划如下。

教授办公室：（5～8）×15平方米=75～120平方米（每年）；教授实验室：（5～8）×50平方米=250～400平方米（每年）。每年教师用房总计：325～520平方米。

所以，筹建期内教师用房总计：40×15平方米+40×50平方米=2600平方米。

其他人员（如研究生和工程技术人员等）的用房可根据《中山大学公共用房管理办法（试行）》和学院人员的配置情况核算。

具体规划：研究生（10～16）×5 平方米 =50～80 平方米（每年），博士后（5～8）×10 平方米 =50～80 平方米（每年），工程技术人员 5×10 平方米 =50 平方米（总计）。筹建期内研究生和工程技术人员等用房总计：550～850 平方米。

综上所述，材料学院在筹建期内用房总计 4060 平方米，除去行政办公用房（110 平方米）和科研平台用房（500 平方米）等固定用房，每年所需用房额度约为 780 平方米。

（4）研究生招生规模。

学院筹建期研究生和博士后具体招生规模将根据当年引进人才数目而定，每人每年拟招研究生 2 名（硕士或博士），博士后 1 名。

每年具体规划：研究生为（5～8）×2=10～16 名，博士后为（5～8）×1=5～8 名。

杨国伟

2014 年 11 月

## 12 月

12 月 17 日，在组织学校有关职能部门就《中山大学材料学院筹建方案（2014 年 11 月版）》进行讨论后，发展规划办公室向校领导呈上《关于进一步推进中山大学材料科学与工程学院建设的报告》（见附件 3）。

附件 3

## 关于进一步推进中山大学材料科学与工程学院建设的报告

校领导：

2014 年 1 月，经过学校 2014 年第 2 次党委常委会（扩大）会议研究，同意启动筹建材料科学与工程学院。会后由杨国伟教授牵头，在对国内外高水平材料学院广泛调研的基础上完成了《中山大学材料学院筹建方案（2014 年 11 月版）》（以下简称“筹建方案”），此方案向校内有关职能部门进一步征求了意见（详见《学校职能部门关于〈中山大学材料学院筹建方案（2014 年 11 月版）〉讨论意见》），现就进一步推进“材料科学与工程学院”建设提出如下建议，谨供学校参考：

一、建议由杨国伟教授牵头，在讨论、吸纳有关职能部处意见的基础上，邀请国内外有影响力的学者对筹建方案进一步论证和完善。

二、建议考虑给予筹备期以必要的支持条件，主要是在行政岗位编制、办公场所和日常行政管理经费等方面给予安排落实，具体操作程序按照学校有关规定执行。

专此报告。

发展规划与学科建设办公室

2014 年 12 月 17 日

# 学校职能部门关于《中山大学材料学院筹建方案（2014年11月版）》讨论意见

学校有关职能部门讨论了《中山大学材料学院筹建方案（2014年11月版）》，提出了相应意见，具体如下。

**一、财务与国资管理处意见**

主要针对“同时每年划拨一定的行政管理经费”和“设备预算：3000万元～5000万元”提出如下建议意见。

（1）设备费请学院报设备处，统一纳入预算规划及年度计划，论证后报财务部门。

（2）筹建期，行政管理费请学院报详细预算，学校单独核定（结合院系综合管理）。

（3）新增教师的基本办公条件，建议学校给予支持（结合学科，可争取专项经费）。

**二、教务处意见**

关于本科生人才培养方案，赞同在建设期学院不制订本科生培养的办学计划。

**三、研究生院意见**

建议在方案中明确硕士生和博士生计划下达的数量方式。硕士生可根据学院师资队伍的到校情况核定下达至学院，博士招生计划可按照学校目前引进高水平人才的情况单列下达，每年每人1个计划（前三年），第四年根据我校博士招生计划分配方案经测算下达。

**四、基建处意见**

关于东校园的规划情况，根据2014年最新批复的修建性详细规划，我处将东校园未来的科研教学用房建设情况提供如下。

（1）拟在筱园路东侧、北三路西侧、东田径场北侧建一栋规模约5万平方米的科研大楼，目前拟容纳心理学系、华南地区最大的模式动物平台、与美国加州大学圣地亚哥分校（UCSD）合作的“生物医学技术与工程国际联合研究院”、基于超级计算中心的云应用服务等多个项目。

（2）拟在外环东路与北三路交叉口，连接生命科学学院大楼和纳米实验大楼的位置建一栋面积约为1.2万平方米的科研配套大楼，目前拟作为危险品存放仓库，作为生命科学学院大楼、实验动物中心、纳米实验大楼等所需的配套用房。

根据以上情况，我处建议，材料学院的未来用房需求，可从以上两处拟建科研用房中得到解决；学院筹建期的用房需求，可请房地产管理处根据东校园整体科研用房情况综合考虑安排。

**五、房地产管理处意见**

对材料学院公房需求的安排已有初步方案。

**六、人事处意见**

本方案在队伍建设、支撑条件等方面有一些需要充分讨论的地方，建议召集职能部门讨论，以便使方案更具有操作性。

**七、发展规划与学科建设办公室意见**

（1）方案中明确提出，学院将设置生物医用材料、微电子与光电子材料、能源与环境材料、材料科学基础四个学科方向，比较完整地覆盖了当前材料科学的热门领域，但四个方向的设置略显宽泛，使学院特色不够突出，建议进一步凝练出学院主要的学科建设方向和办学特色。

（2）建议进一步考虑加强材料工程与技术领域的学科及相关研究

方向的建设。

（3）建议在学科发展方面进一步阐述新建的材料科学与工程学院和学校现有相关学院之间的关系，明确如何实现错位融合发展，这些学院主要包括物理科学与工程技术学院、化学与化学工程学院、环境科学与工程学院，以及准备新建的微电子学院等。

# 2015年

# 12月

12月16日，中山大学经研究决定将物理科学与工程技术学院和材料科学与工程学院（筹）整合调整为物理学院、材料科学与工程学院（见图1）。

中山大学文件

中大组〔2015〕21号

中山大学关于整合成立物理学院等的通知

各二级党委（党总支）、党工委，校机关各部、处、室，各学院、直属系，各直属单位，各附属医院（单位），产业集团，各有关科研机构：

经研究决定：

物理科学与工程技术学院和材料科学与工程学院（筹）整合调整为物理学院、材料科学与工程学院。

中山大学

2015年12月16日

图1 《中山大学关于整合成立物理学院等的通知》

12 月 16 日，中山大学党委经研究决定：一、撤销中共中山大学物理科学与工程技术学院委员会；二、成立中共中山大学物理学院委员会；三、成立中共中山大学材料科学与工程学院委员会（见图 2）。

# 中共中山大学委员会文件

中大党组发〔2015〕46 号

★

## 中共中山大学委员会
## 关于撤销物理科学与工程技术学院党委等的
## 通　知

各二级党委（党总支）、党工委，校党群机关各部门：

经研究决定：

一、撤销中共中山大学物理科学与工程技术学院委员会；

二、成立中共中山大学物理学院委员会；

三、成立中共中山大学材料科学与工程学院委员会。

中共中山大学委员会

2015 年 12 月 16 日

图 2　《中共中山大学委员会关于撤销物理科学与工程技术学院党委等的通知》

12 月 16 日，中山大学经研究决定：任命杨国伟为材料科学与工程学院院长，原材料科学与工程学院（筹）行政班子成员职务自然免去（见图 3、图 4、图 5）。

# 中山大学文件

中大干〔2015〕32 号

## 中山大学关于骆腾等任免职的通知

各二级党委（党总支）、党工委，校机关各部、处、室，各学院、直属系，各直属单位，各附属医院（单位），产业集团，各有关科研机构：

经研究决定：

任命骆腾为人力资源管理处处长；

任命陈华桂为人力资源管理处副处长；

任命劳楚华为人力资源管理处副处长兼人才交流中心主任；

任命黄伟娥为人力资源管理处副处长兼博士后管理办公室主任；

图 3 《中山大学关于骆腾等任免职的通知》（a）

任命苟祯成为科学研究院应用研究管理处副处长；

任命王雪华为物理学院院长（兼）；

任命杨国伟为材料科学与工程学院院长；

同意陈天祥辞去政治与公共事务管理学院副院长职务；

免去邹丹就业指导中心副主任职务。

原人事处正副处长以及物理科学与工程技术学院、材料科学与工程学院（筹）行政班子成员职务自然免去。

校长：罗俊

2015 年 12 月 16 日

中山大学校长办公室　　主动公开　　2015 年 12 月 23 日印发

图 4 《中山大学关于骆腾等任免职的通知》（b）

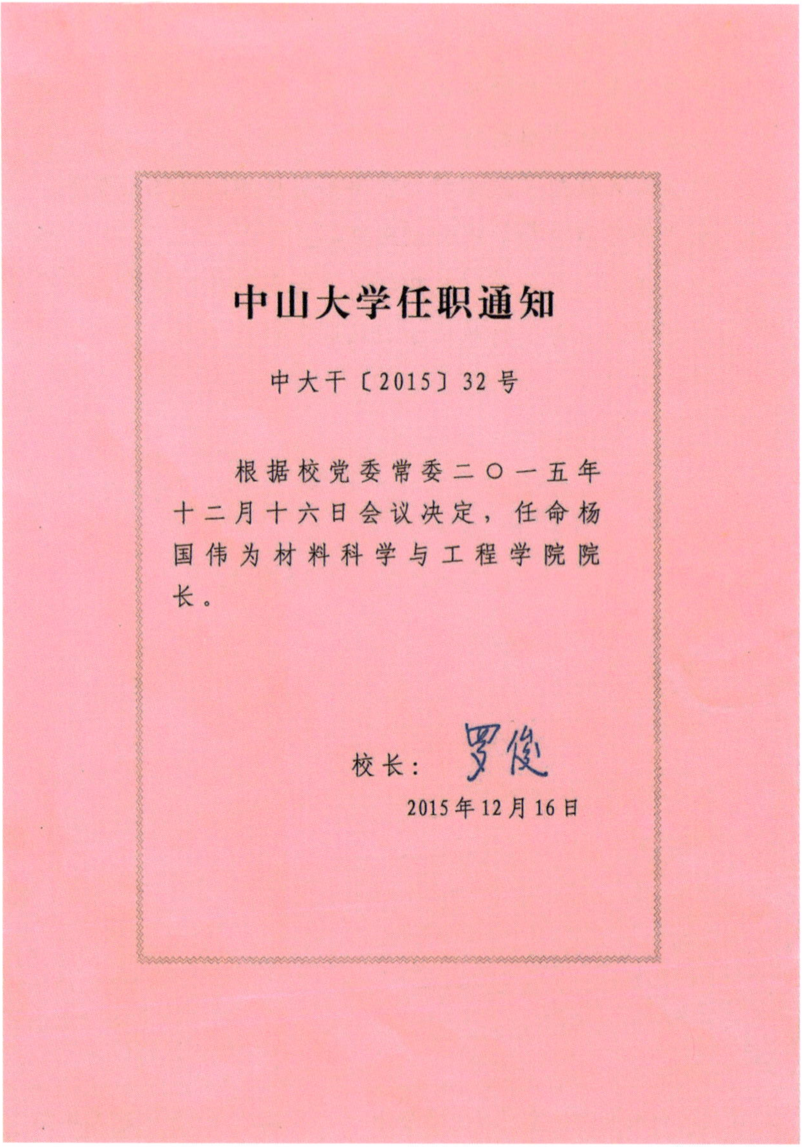

# 中山大学任职通知

中大干〔2015〕32号

根据校党委常委二〇一五年十二月十六日会议决定，任命杨国伟为材料科学与工程学院院长。

校长：罗俊

2015年12月16日

图5 《中山大学任职通知》

12 月 16 日，中山大学党委经研究决定：任命李永乐同志任材料科学与工程学院党委委员、书记，刘芳同志任材料科学与工程学院党委委员、副书记（见图 6、图 7）。

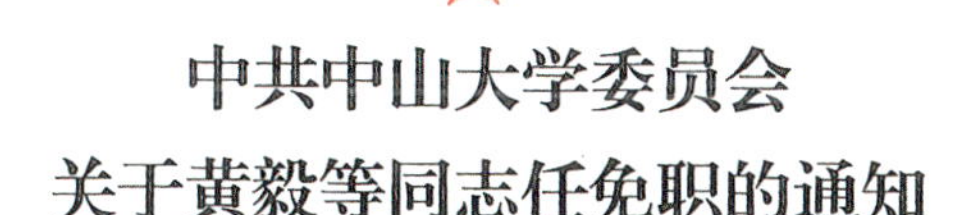
中共中山大学委员会文件

中大党组发〔2015〕47 号

**中共中山大学委员会**
**关于黄毅等同志任免职的通知**

各二级党委（党总支）、党工委，校党群机关各部门：

经研究决定：

黄毅同志任校党委宣传部部长；

罗晶同志任校党委办公室副主任兼保密工作办公室副主任；

邹丹同志任产业集团党委委员、副书记兼纪委委员、书记；

李永乐同志任材料科学与工程学院党委委员、书记；

刘芳同志任材料科学与工程学院党委委员、副书记；

杨东华同志任物理学院党委委员、副书记；

免去丘国新同志校党委宣传部部长职务，另有任用。

图 6 《中共中山大学委员会关于黄毅等同志任免职的通知》（a）

原物理科学与工程技术学院党委班子成员职务自然免去。

中共中山大学委员会
2015年12月16日

中山大学党委办公室　　主动公开　　2015年12月17日印发

图7 《中共中山大学委员会关于黄毅等同志任免职的通知》（b）

12 月 22 日，中山大学在南校园十友堂 300 室召开院系重组大会，副校长朱熹平宣布重组方案，即物理科学与工程技术学院和材料科学与工程学院（筹）整合调整为物理学院、材料科学与工程学院；组织部部长武少新参加会议，并宣布相关任命（见图 8、图 9、图 10、图 11）。

图 8　朱熹平副校长讲话

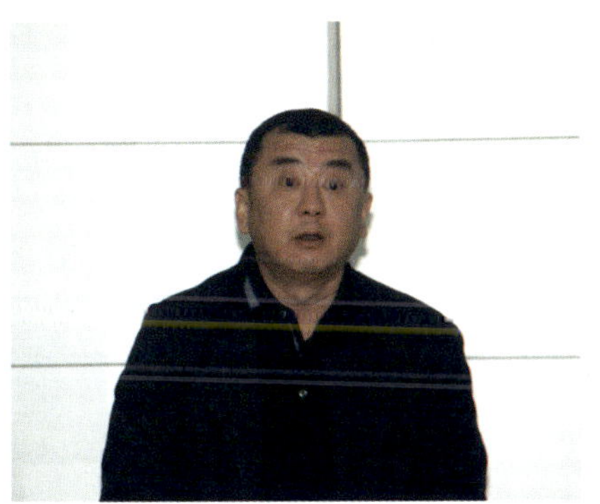

图 9　武少新部长讲话

图 10　杨国伟院长讲话

图 11　李永乐书记讲话

12 月 23 日，在学校开展院系调整的过程中，出现了各种声音，学校就成立材料科学与工程学院一事采访了学院院长杨国伟教授，并了中山大学官方微信公众号发表了《杨国伟：成立材料科学与工程学院是中大发展工科的需要》一文（见附件 1）。杨国伟院长一直在牵头推进设立单独的材料科学系一事，早年执笔撰写了《关于申请成立“材料科学系”的报告》（见附件 2）。

**附件 1**

## 杨国伟：成立材料科学与工程学院是中大发展工科的需要

### —人物简介—

杨国伟，现任中山大学材料科学与工程学院院长、纳米技术研究中心主任。2007 年 5 月，他被聘为中山大学“985”二期国家级创新研究平台“光电及功能复合材料研究院”一级项目“光电纳米材料与结构及相关器件技术”的首席科学家；是 2007 年度特聘教授。

▶**记者：**学校发文，物理科学与工程技术学院和材料科学与工程学院（筹）整合调整为物理学院、材料科学与工程学院，学校和学院是如何进行研讨而做出这项决定的呢?

**杨国伟教授：**材料科学与工程学院的组建，不是一时的冲动，而是我们努力了十年才开始组建的，是经过很长时间的酝酿和探索才慎重做出决定的，是瓜熟蒂落的一件事情。

1952 年，中山大学和岭南大学合并，成立新的中山大学，从那个时候我们物理系就有了一个教研室——金属物理教研室，实际上就是金属材料教研室，做金属材料的基础研究。所以说，我们从一开始就有了材料学这个研究方向。然后，直到二三十年前，随着纳米材料等新兴学科成为世界科学前沿的热点，材料学才开始得到重视、发展和壮大。十年前，理工学院向学校提报建议成立光学工程系、微电子系和材料系，黄达人校长非常重视，但考虑到学科发展的急迫性，当时先成立了光学工程系和微电子系。但材料系的组建事宜，我们一直在推动。当材料科学与工程这个学科已经到了可以独立发展的阶段，许宁生校长就提议建立独立的材料科学与工程学院。两年前，经过长时间的调研讨论，学校发文成立材料科学与工程学院（筹），我们开始筹备建院。经过两年的考察讨论和周密的思考，我们已经具备了成立材料学院的条件，罗俊校长调研以后觉得是时候成立材料学院，所以才有了最近发文成立材料科学与工程学院的通知。

▶**记者：**您个人怎么看待这项决定？

**杨国伟教授：**我觉得，从学科发展、学生培养和学校发展的角度，此时组建材料科学与工程学院是一件一举三得的事情。从学科发展来看，首先，材料科学独立出来，有助于材料学成长为中山大学工科发展的重要模块；其次，可以培养材料学专业的学生；最后，建设高水平的材料科学与工程学院，可以助力中山大学建设世界一流大学。

第一，是学科发展的需要。孙中山先生曾经说过："世界潮流，浩浩荡荡，顺之则昌，逆之则亡。"学科的发展随着时代的发展而变化，材料科学也在不断发展着。二三十年前，为了跟上世界科学与工程的发展潮流，中山大学的物理学和化学作为基础学科，也开始探索将纯粹的物理学和化学学科向应用物理和应用化学拓展。所以，中山大学理工学院与化工学院出现了关于材料科学的研究。例如，中山大学的老校长曾汉民教授组织了中山大学高分子化学学科的一批老师开展聚合物材料（也就是高分子材料）研究，并且成立了独立的中山大学材料科学研究所。

材料物理学和材料化学是材料科学的基础，但材料科学还有一个更加重要的支柱——材料工程。中山大学材料科学的现状是只停留在基础研究，应用研究偏弱。目前，材料科学中涉及的纳米材料、环境与能源材料、生物医用材料等研究都已经成为国际科学与工程研究的最前沿热点。如果材料科学仍局限于从事物理和化学方面的基础研究，将不利于材料科学本身的发展。

目前，世界科学的很多前沿热点都是材料科学的研究范畴，如果中山大学的材料科学得不到及时的推动和发展，可能会错失更多的机遇。如何解决这个问题？学科发展到这个时候，我们应该重新布局和规划，把材料科学独立出来，专门从事材料科学的研究和教学。所以，中山大学成立材料科学与工程学院，顺应了学科发展的潮流，是一件自然而然、瓜熟蒂落的事情。

第二，是人才培养的需要。一个好的大学，要培养出好的学生。什么是好的学生？第一点，通过大学四年的专业学习，必须具备完备的专业知识和良好的专业素养；第二点，通过大学文化的熏陶，具备创新精神和敢于挑战、勇于担当的能力。“种瓜得瓜，种豆得豆。”专业修养是好学生最基础的条件。中山大学已经培养了很多届的材料专业毕业学生，一个是材料物理，一个是材料化学，这两个专业都属于一级学科材料科学的范畴。

材料科学是一个独立完整的一级学科，现在我们把它归在其他学科里面。在理工学院或化工学院培养出来的材料专业的学生，更偏重于基础研究，而对于材料工程（如材料工艺和材料加工）的内容，基本上不涉及，对学生的培养和训练是不全面的，学生在今后的工作和研究中会碰到很多的问题。

从培养学生的角度，黄达人老校长提出“善待学生”，我的理解是学校要培养出合格的材料专业的学生，让他们能够更好地服务社会，这就是最大的“善待”。这个时候，组建材料科学与工程学院，让以后我们中山大学材料专业毕业的学生能更好地服务社会，是明智之举。

第三，是学校发展的需要。中山大学提出了建设世界一流大学的目标，这也是国家战略。中山大学是一个拥有文理医工多学科的综合大学，我们的文理医学科发展相对较强势，但工科仍有很大的进步空间。这个时候，组建材料科学与工程学院，建成高水平的材料学科，对于中山大学跻身国内大学第一方阵是非常必要的。当然，我们的工科需要一定的时间发展壮大，我也相信，随着深圳校区的建立，我们的工科会慢慢拥有影响力。

►**记者：**为了打破学科的壁垒，之前中山大学试行大学院制；此次院系调整，拆分学院，细化专业，有人调侃说，中山大学就变成了中山技术职业培训学校，您是怎么理解呢？怎样保证培养具有领袖气质的复合型人才？

**杨国伟教授：**我觉得社会上对于通识教育和全才学生培养的宣传，导致大家的理解出现了偏差。通识教育是很重要的，但是，这并不与我们培养专业性的人才冲突，在大学里学好专业知识尤为重要。中山大学的学生必须要在专业领域受到踏实的训练，具备优秀的专业素质和修养。

大学生的优势是什么？是专业知识，要在某一方面有自己的专业视野和见解。在专业的基础上，大学四年里，你可以去拓展各种各样的能力，如创新思维能力、勇于挑战的能力等。此外，关于复合型的人才，不是说没有了大学院我们就不可以进行学科的融会贯通了，我们各科老师之间一直有密切的交流和合作，学生可以去旁听其他专业课程，可以选择辅修或者双专业，学校还会提供很多的拓展能力的机会。例如，如果你想做一些更深入的研究，我们还有一个学院，叫逸仙学院，那是教育部攀登计划资助的项目，选拔培养一些有志于在数理化生等领域有更大发展潜力的人。所以，只要你有信心、有兴趣，中山大学有很多可以拓展学生能力的机会。

虽然每个时期的管理者理念不一样，但我们说："条条大路通罗马。"不同的时期，学校的发展规划不一样，但是，大家要相信我们的目标和方向都是一致的，就是把中山大学建设成一所高水平的大学、世界一流大学。对于培养学生，罗俊院士提出了"德才兼备，领袖气质，家国情怀"十二字方针，其实和黄达人前校长、许宁生前校长思考培养优秀人才的想法是一致的，只是他们选择的路径，或者考虑的方法有区别，方向是一样的，都是培养优秀的人才。

▶**记者：**新的材料科学与工程学院目前的规划是怎样的？

**杨国伟教授：**具体方案还没有完全确定，还在和学校仔细研讨中。但大致上，材料物理和材料化学这两个专业应该是材料科学与工程学院的本科专业。

我们成立新学院之后，一方面，我们在材料科学领域的研究非常有基础，如我们的材料物理和材料化学，要继续发挥这样的优势；另一方面，我们要对材料科学做全面的规划发展。实际上，做材料研究的宗旨就是做出有用的材料，所以借助我们的材料物理和材料化学基础研究的优势，规划材料工艺、材料加工的研究方向，也就是发展我们的材料工程专业。

我们国家也提出了“中国制造 2025”，以材料科学为例，就是要做出有用的东西，知道怎么做，并且最后做出来。但是，这期间需要付出大量的时间和精力。例如，钻石和铅笔芯都是由碳组成的，在高温和大气压差下，碳就能变成钻石，在物理上，这个理论上是很简单的。但是，如果你要真的把石墨变成金刚石，这个就不简单了。现在我们知道怎么做了，就是通过一个压力机，利用对顶压头对中间的石墨加压，同时加温，达到一定的要求之后就可以得到我们想要的金刚石。但是，同时达到高温和高压的条件并不是那么容易的，从理论到最后实现中间隔了几十年的时间，所以说知道怎么做和最后做出来是两回事，这就是为什么国家要推动“中国制造”这个政策，也是为什么我们要注重材料基础科学与材料工程结合的研究。

经过这么多年的积累，我们中山大学在材料科学这方面很强，但是，在材料工程方面要加强。因此，我们组建了新的学院之后，会在基础和应用两方面进行加强，依托实力强大的基础研究，开发新的应用。虽然不能在短时间内引领技术发展，但对学科发展有极大的好处。

**▶记者：**新成立材料科学与工程学院后，会将理工学院和化工学院材料专业相关的学生转过来新学院吗？他们的课程培养体系会变动吗？

**杨国伟教授：**关于生源方面，我个人认为目前已经在理工学院或化工学院的学生，都可以继续在这两个学院修完本科。从明年开始，新生就在新的学院，按照新的课程体系授课培养。

这应该是一个比较好的方案，相对来说，对学生的影响比较小。

当然，在材料科学与工程学院正式成立之后，我们欢迎已经在理工学院或化工学院培养的材料学专业的学生到新学院来，并且会保证他们整个本科阶段课程体系的完整性，这样他们毕业的时候就是材料科学与工程学院的学生。不过这些目前只是设想，等学院正式成立之后，具体的方案要跟学校相关部门仔细详谈。

▶**记者：**目前外界和学生都在热议中山大学此次的院系调整，也有媒体评论“院系忽拆忽合，改革的逻辑着实难懂”，您怎么看待这个事情呢？

**杨国伟教授：**其实，很感谢大家对于中山大学的关注。首先，对于外界的质疑，我觉得他们可能并不了解相关学科的内容，也不了解学科发展的历史，所以我们要以平常的心态去看待外界的评论。其次，我觉得同学们讨论这件事情是非常好的，不管是批评还是赞扬。一方面，确实暴露了我们工作的问题，“为什么学校不告诉我改革的真相”，是谁都会有这样的疑问。另一方面，可以看出这是同学们关心自己的学校、关心学科与专业发展的表现，是我们中大学子爱校的体现。

必须承认，我们之前的信息传播不到位，没有让大家理解到我们院系调整的背景和历史。我相信，只要大家了解这个学科发展的历史背景之后，也会认同我们现在的做法。整体的改革是一个大方向，这也是国家对世界一流大学建设的要求，但每个学院的改革背后一定有它的历史背景和逻辑。如果我们每个学院都有一个全国一流的一级学科，那我们中山大学也一定是全国一流的大学。所以关于改革，背后都会有自己的逻辑所在，我们要看得深入一点。以材料科学为例，其实改革的事情我们已经酝酿了很多年，并不是不经思考地说改就改，背后都有历史与发展的原因。

▶**记者：**您心目中的中山大学是什么样的？

**杨国伟教授：**欧洲有很多几百年历史的大学，虽然综合学术水平排名不是特别高，但有自己的特色，教授和学生在校园里工作和学习的氛围非常好。而且，这些学校一定有一些学科的建设水平在全世界或者欧洲排名第一。这些学校都已经有非常完善的机制与自身良性的发展规律，这就是我心目中的大学。往往在这些大学里面，不时地会有教授获得诺贝尔奖。

黄达人老校长说过的一段话令我十分感动，大致意思是中山大学要给天才留空间，只要你是天才，能飞多高，我们就给多大的空间；要给中才立规矩。对于中山大学的教职工和学生，我们都是一个共同体，每个人在这个体系里都要有自己的位置。当然，这其中也有不足之处，就是没有竞争淘汰机制，国外的大学都有淘汰机制，现在我们国家也慢慢开始引入淘汰机制。

如果，我们中山大学能发展到有多个世界一流甚至是第一的学科，中山大学的教授能在学校非常自由地做自己想做的研究，学生在接受很好的教育的同时，又能充分享受快乐的大学生活，这就是我一直很向往的大学。[①]

---

① 参见《杨国伟：成立材料科学与工程学院是中大发展工科的需要》，中山大学官方微信公众号，2015 年 12 月 23 日，见 https://mp.weixin.qq.com/s/kyKENmBLfdUhwx4LRzVS_w，有删改。

附件 2

## 关于申请成立“材料科学系”的报告

### 一、背景和动机

近年来，广东省的工业化以惊人的速度发展，为了继续保持产业竞争的优势，科技的提升是目前产业转型和未来产业发展所依赖的基础，而材料科学的进步则是其中重要的一环，科学地认识材料和有效地使用材料是发展战略新兴产业的关键。因此，加速材料科学人才的培养，及时为国家和地方经济建设输送高质量、高层次的材料工程技术人才就变成当务之急。

另外，加强材料科学人才的培养也是中山大学学科本身发展的需要。理工学院的材料物理专业经过多年的建设，已经建成了涵盖材料科学与工程一级学科下面包括金属材料、无机非金属材料、高分子聚合物材料及材料物理与化学等多个二级学科方向的较完善的独立材料科学学科体系。为了能够使中山大学的材料科学稳步发展，目前在理工学院设立材料科学系就成为一件“水到渠成”“瓜熟蒂落”的事情。

此外，更为重要的是，由于没有独立的材料科学系这一事实，已经给理工学院材料物理专业的本科生培养造成了诸多不便。首先是招生和培养问题。由于理工学院没有材料系，因此，很多考生误以为材料物理专业是物理学下面的一个理科专业，懵懵懂懂地就进来了，而开始上课时又发现学的基本上是工科的材料科学。这种非理非工的状态导致学生产生了极大的困惑，对自己的专业和未来的前途感到担忧。

其次是就业问题。材料物理专业的毕业生找工作遇到最尴尬的事就是不知道怎么介绍自己的专业：师出无门，说自己所学专业属于材料科学吧，又不是来自材料系；但是，这又显然不属于物理学。这就为学生的就业选择造成了一些障碍。与此相反的是，我们成立了光学系和微电子系，使光信息专业和微电子专业的招生、培养和就业变得“顺理成章”，走上了良性发展之路。因此，为了发展和完善材料物理专业的本科生培养，在理工学院建立相对独立的材料科学系已经迫在眉睫。

**二、可行性**

理工学院目前已有的材料科学研究基础、材料物理专业的本科生，以及研究生教学体系是设立材料科学系的保证。

1. 丰富的研究方向

目前，通过“整合与引进”，以“光电材料”为核心，理工学院已经发展了丰富的材料科学研究方向，并且在这些方向上取得了高显示度的研究成果，这些工作是建立在材料科学系的科研基础上的。

（1）光电子学和微电子学材料。主要研究方向有场致发射材料、非线性光学材料、光子晶体、光通信技术中的光波导材料与光学薄膜，应用于微电子学的介电和铁电薄膜材料，以及有机发光和显示材料等。

（2）功能纳米材料。主要从事光电纳米材料及器件、纳米复合功能材料、电化学纳米材料制备技术、磁性纳米生物传感器材料与器件的设计和研究，以及纳米颗粒分散和磁性能稳定的方法和机理研究等。

（3）环境与能源材料。这方面的研究集中在节能减排和低碳环保材料与先进能源材料，主要的研究方向有纳米电化学、燃料电池材料、高能电池材料、纳米复合功能材料、功能高分子材料和纳米材料等。

2. 扎实的科研基础

依托于光电材料与技术国家重点实验室、广东省显示材料与技术重点实验室、广东省低碳化学与节能过程重点实验室、广东省太阳能电池重点实验室、广东省化合物半导体材料与器件工程技术研究中心等，理工学院在材料科学研究上目前承担着国家“973”项目和国家“863”项目、国家自然科学基金重大研究计划项目、国家杰出青年科学基金项目，以及广东省重大科技计划和广州市科技计划项目等一大批国家、省部级的研究项目，近10年获得了国家自然科学奖二等奖三项、广东省科学技术一等奖四项，发表的被SCI收录的材料科学学术论文总数名列理工学院前茅。

3. 完整的教学体系

理工学院目前已经拥有材料物理本科专业、材料物理与化学硕士和博士点，以及材料科学与工程博士后流动站。1998年开始招生材料物理本科专业，2000年开始招生材料物理与化学硕士生，2004年开始招收材料物理与化学博士生，2010年材料科学与工程博士后流动站开始进站。我们所培养的各级学生各项能力突出，获得了社会好评。例如，材料物理专业的博士生多人的毕业论文获得了广东省优秀博士论文，一人入选全国百篇优秀博士论文，一人获得全国百篇优秀博士论文提名。所以，我们已经具备了从本科生到研究生系列的规范和完整的材料科学教学体系。

4. 雄厚的师资力量

目前，理工学院拥有材料科学专业的教授和副教授数十名，其中包括国家自然科学基金杰出青年基金项目获得者三人，教育部长江学者奖励计划特聘教授一人，广东省珠江学者岗位计划特聘教授一人，等等。本专业师资队伍的一个特点是学术水平和年龄的结构关系合理，各层次人员配备比较齐全，他们有较高的学术造诣，多年来在光电子与微电子材料、纳米材料、环境与能源材料等领域取得了很大的成绩，享誉国内外。因此，本专业全体教师已经组成了一支基础扎实、学术水平高、教学科研能力强的队伍。

三、建议

着眼于我校拟申请的国家实验室规划中对材料学科群提出的要求，我们强烈地感到在理工学院中成立材料科学系尤为重要，而且中山大学有了培养材料科学人才的基地，便可以保证校内一切与材料科学相关的重大研究得到最有力的支持。另外，目前，理工学院的材料物理专业已经完全脱离了物理学这个一级学科，建成了材料科学学科，所以，无论从本科材料物理专业的招生到毕业生的求职，还是材料物理专业本科教学体系的完善，如果仍在物理系的框架下运作，就会显现出诸多弊端。根据以上情况，我们向学校建议：①尽早成立材料系，具体名称拟为“理工学院材料科学与技术系”；②加大人才引进力度，尤其是引进国外留学人员中材料加工、工艺方向的人才，培养新一代学术骨干，以弥补我们的薄弱环节。纵观理工学院材料科学研究四十余年发展的历程，我们深切感到，目前，我们无论在科学研究及成果、学科带头人和骨干教师的实力与水平，还是学校、学院、学科发展的需要等诸多方面，都处于建立材料科学系的最好时机，所以，我们期待校领导的进一步支持和早日决策。

# 2016年

# 1 月

1 月 4 日，学校在南校园十友堂召开了原物理科学与工程技术学院全体教职工大会和教师座谈会（见图 1）。本次会议就新建学院、院系调整相关工作与相关学院教职员工进行沟通交流。校长罗俊，副校长魏明海、李善民，校长助理杨清华，有关职能部门负责人等出席会议。

图 1　原物理科学与工程技术学院座谈会现场

会议明确了本次院系调整的基本思路和原则，材料科学与工程学院负责材料科学与工程一级学科的学科建设。在本科生调整方面，学校既顾全了院系学科调整的大局，又听取了学生的诉求，确保对学生的承诺不变，无论学生选择哪个学院，学校均须按原有人才培养方案和课程体系进行培养；在研究生调整方面，研究生培养方案和学位授予标准由主要负责该一级学科建设的院系制订并经研究生院组织论证，以此作为学校该学位授权点的研究生培养与学位授予标准；在教师和研究人员的调整方面，学校尊重个人意愿与选择，鼓励按学术积累、科研基础和研究方向进行选择；在行政人员与教辅人员调整方面，学院按学校定编、定岗方案在校内招聘行政人员，优先考虑原各学院现有人员，保证学院的正常运作。

1 月 8 日，中共中央、国务院在北京隆重举行 2015 年度国家科学技术奖励大会。党和国家领导人习近平、李克强、刘云山、张高丽出席大会，并向获奖代表颁奖。李克强在大会上发表讲话。张高丽主持大会。大会表彰了 2015 年度国家自然科学奖、国家技术发明奖、国家科学技术进步奖、中华人民共和国国际科学技术合作奖等国家级科技奖项。材料科学与工程学院李宝军教授团队完成的“用于功能集成的微型化光子器件基础研究”荣获国家自然科学奖二等奖（见图 2）。

图 2　李宝军教授（右一）在颁奖现场

1 月 27 日，中山大学人力资源管理处根据《中山大学关于整合成立物理学院等的通知》中整合成立材料科学与工程学院的决定，经相关学院提交名单、学校研究，同意陈永明等 15 名教师的人事关系调动

（见图3、图4）。

# 中山大学人力资源管理处

编号 160003

## 校内调动通知

各有关单位:

根据《中山大学关于整合成立物理学院等的通知》（中大组〔2015〕21号）中整合成立材料科学与工程学院的决定，经相关学院提交名单、学校研究，同意陈永明等15名教师的人事关系调动（名单详见附件），调动后职务职级不变，校内调动时间从2016年1月27日算起，请协助办理校内调动有关手续。

特此通知。

附件：调动人员名单

人力资源管理处

2016年1月27日

抄送：化学与化学工程学院、材料科学与工程学院、财务与国资管理处、总务处、研究生院、科学研究院、人力资源管理处（综合管理科、薪酬管理科、培养发展科、人才工作科、人事管理科、人才交流中心、计生办）

（联系人：田臻，联系电话：020-84111795）

图3 《中山大学人力资源管理处校内调动通知》（编号160003）

附件：

## 调动人员名单

| 序号 | 姓名 | 原单位 | 现单位 |
|---|---|---|---|
| 1 | 陈永明 | 化学与化学工程学院 | 材料科学与工程学院 |
| 2 | 高海洋 | 化学与化学工程学院 | 材料科学与工程学院 |
| 3 | 帅心涛 | 化学与化学工程学院 | 材料科学与工程学院 |
| 4 | 伍青 | 化学与化学工程学院 | 材料科学与工程学院 |
| 5 | 张建勇 | 化学与化学工程学院 | 材料科学与工程学院 |
| 6 | 张黎明 | 化学与化学工程学院 | 材料科学与工程学院 |
| 7 | 程度 | 化学与化学工程学院 | 材料科学与工程学院 |
| 8 | 柯卓锋 | 化学与化学工程学院 | 材料科学与工程学院 |
| 9 | 梁国栋 | 化学与化学工程学院 | 材料科学与工程学院 |
| 10 | 刘军民 | 化学与化学工程学院 | 材料科学与工程学院 |
| 11 | 杨建文 | 化学与化学工程学院 | 材料科学与工程学院 |
| 12 | 杨洋溢 | 化学与化学工程学院 | 材料科学与工程学院 |
| 13 | 曾兆华 | 化学与化学工程学院 | 材料科学与工程学院 |
| 14 | 郑永太 | 化学与化学工程学院 | 材料科学与工程学院 |
| 15 | 黄华华 | 化学与化学工程学院 | 材料科学与工程学院 |

图4 《中山大学人力资源管理处校内调动通知》（编号160003）附件

# 2月

2月16日，广东省委、省政府在广州召开广东省创新驱动发展大会，表彰获得2015年度广东省科学技术奖的先进单位和个人。材料科学与工程学院杨国伟教授研究组完成的“功能纳米材料与低维物理的应用基础研究”荣获2015年度广东省科学技术奖一等奖（见图5）。

图5 杨国伟教授在颁奖现场

2月18日，材料科学与工程学院经研究决定，任命宋树芹、高海洋为学院院长助理（见图6）。

中山大学材料科学与工程学院

材料〔2016〕1号

**材料科学与工程学院关于院长助理任命的通知**

学院各单位：

经研究决定：

任命宋树芹为材料科学与工程学院院长助理。

任命高海洋为材料科学与工程学院院长助理。

院长：

2016年2月18日

材料科学与工程学院办公室　　主动公开　　2016年2月18日印发

图6 《材料科学与工程学院关于院长助理任命的通知》

2月26日，中山大学人力资源管理处根据《中山大学关于整合成立物理学院等的通知》（中大组〔2015〕21号）中关于整合物理科学与工程技术学院和材料科学与工程学院（筹）为物理学院、材料科学与工程学院的决定，经相关单位提交名单、学校研究，同意孟跃中等27名教师调至材料科学与工程学院（见图7、图8、图9、图10、图11、图12）。

中山大学人力资源管理处

编号 160011

**校内调动通知**

各有关单位：

根据《中山大学关于整合成立物理学院等的通知》（中大组〔2015〕21号）中关于整合物理科学与工程技术学院和材料科学与工程学院（筹）为物理学院、材料科学与工程学院的决定，经相关单位提交名单、学校研究，同意佘卫龙等72名教师的调动至物理学院，孟跃中等27名教师的调动至材料科学与工程学院，何振辉调动至物理与天文学院（详细名单见附件）。人员调动后职务职级不变，校内调动时间从2016年2月26日算起，请协助办理校内调动有关手续。

特此通知。

附件：调动人员名单

人力资源管理处

2016年2月26日

抄送：物理学院、材料科学与工程学院、物理与天文学院、财务与国资管理处、总务处、研究生院、科学研究院、人力资源管理处（综合管理科、薪酬管理科、培养发展科、人才工作科、人事管理科、人才交流中心、计生办）

（联系人：田臻，司飞；联系电话：020-84111795）

图7 《中山大学人力资源管理处校内调动通知》（编号160011）

附件:

## 调动人员名单

| 序号 | 姓名 | 原单位 | 现单位 |
|---|---|---|---|
| 1 | 佘卫龙 | 物理科学与工程技术学院 | 物理学院 |
| 2 | 沈辉 | 物理科学与工程技术学院 | 物理学院 |
| 3 | 周建英 | 物理科学与工程技术学院 | 物理学院 |
| 4 | 杜晓荣 | 物理科学与工程技术学院 | 物理学院 |
| 5 | 梁世东 | 物理科学与工程技术学院 | 物理学院 |
| 6 | 江绍基 | 物理科学与工程技术学院 | 物理学院 |
| 7 | 刘小伟 | 物理科学与工程技术学院 | 物理学院 |
| 8 | 李志兵 | 物理科学与工程技术学院 | 物理学院 |
| 9 | 蔡志岗 | 物理科学与工程技术学院 | 物理学院 |
| 10 | 王惠 | 物理科学与工程技术学院 | 物理学院 |
| 11 | 赖天树 | 物理科学与工程技术学院 | 物理学院 |
| 12 | 邵元智 | 物理科学与工程技术学院 | 物理学院 |
| 13 | 王彪 | 物理科学与工程技术学院 | 物理学院 |
| 14 | 王雪华 | 物理科学与工程技术学院 | 物理学院 |
| 15 | 林琼桂 | 物理科学与工程技术学院 | 物理学院 |
| 16 | 余向阳 | 物理科学与工程技术学院 | 物理学院 |
| 17 | 钟凡 | 物理科学与工程技术学院 | 物理学院 |
| 18 | 韦联福 | 物理科学与工程技术学院 | 物理学院 |
| 19 | 洪瑞江 | 物理科学与工程技术学院 | 物理学院 |

图8 《中山大学人力资源管理处校内调动通知》(编号160011)附件(a)

| | | | |
|---|---|---|---|
| 20 | 陈敏 | 物理科学与工程技术学院 | 物理学院 |
| 21 | 赵福利 | 物理科学与工程技术学院 | 物理学院 |
| 22 | 何广平 | 物理科学与工程技术学院 | 物理学院 |
| 23 | 姚道新 | 物理科学与工程技术学院 | 物理学院 |
| 24 | 王为 | 物理科学与工程技术学院 | 物理学院 |
| 25 | 钟定永 | 物理科学与工程技术学院 | 物理学院 |
| 26 | 马杰 | 物理科学与工程技术学院 | 物理学院 |
| 27 | 郑跃 | 物理科学与工程技术学院 | 物理学院 |
| 28 | 董建文 | 物理科学与工程技术学院 | 物理学院 |
| 29 | 周晓祺 | 物理科学与工程技术学院 | 物理学院 |
| 30 | 张笑 | 物理科学与工程技术学院 | 物理学院 |
| 31 | 凌家杰 | 物理科学与工程技术学院 | 物理学院 |
| 32 | 尤郑昀 | 物理科学与工程技术学院 | 物理学院 |
| 33 | 黄钢明 | 物理科学与工程技术学院 | 物理学院 |
| 34 | 陈鸣 | 物理科学与工程技术学院 | 物理学院 |
| 35 | 洪澜 | 物理科学与工程技术学院 | 物理学院 |
| 36 | 李潮锐 | 物理科学与工程技术学院 | 物理学院 |
| 37 | 丘志仁 | 物理科学与工程技术学院 | 物理学院 |
| 38 | 郑寿森 | 物理科学与工程技术学院 | 物理学院 |
| 39 | 余招贤 | 物理科学与工程技术学院 | 物理学院 |
| 40 | 文锦辉 | 物理科学与工程技术学院 | 物理学院 |
| 41 | 祁新梅 | 物理科学与工程技术学院 | 物理学院 |

图 9 《中山大学人力资源管理处校内调动通知》（编号 160011）附件（b）

| | | | |
|---|---|---|---|
| 42 | 林国淙 | 物理科学与工程技术学院 | 物理学院 |
| 43 | 方锡岩 | 物理科学与工程技术学院 | 物理学院 |
| 44 | 邓幼俊 | 物理科学与工程技术学院 | 物理学院 |
| 45 | 陆夏莲 | 物理科学与工程技术学院 | 物理学院 |
| 46 | 阳生红 | 物理科学与工程技术学院 | 物理学院 |
| 47 | 熊小敏 | 物理科学与工程技术学院 | 物理学院 |
| 48 | 何春山 | 物理科学与工程技术学院 | 物理学院 |
| 49 | 唐强 | 物理科学与工程技术学院 | 物理学院 |
| 50 | 沈韩 | 物理科学与工程技术学院 | 物理学院 |
| 51 | 贺彦章 | 物理科学与工程技术学院 | 物理学院 |
| 52 | 张勇 | 物理科学与工程技术学院 | 物理学院 |
| 53 | 付青 | 物理科学与工程技术学院 | 物理学院 |
| 54 | 黄敏 | 物理科学与工程技术学院 | 物理学院 |
| 55 | 张宏浩 | 物理科学与工程技术学院 | 物理学院 |
| 56 | 焦中兴 | 物理科学与工程技术学院 | 物理学院 |
| 57 | 李俊韬 | 物理科学与工程技术学院 | 物理学院 |
| 58 | 王伟良 | 物理科学与工程技术学院 | 物理学院 |
| 59 | 王志 | 物理科学与工程技术学院 | 物理学院 |
| 60 | 唐健 | 物理科学与工程技术学院 | 物理学院 |
| 61 | 梁宗存 | 物理科学与工程技术学院 | 物理学院 |
| 62 | 黎培进 | 物理科学与工程技术学院 | 物理学院 |
| 63 | 张蕾 | 物理科学与工程技术学院 | 物理学院 |

图10 《中山大学人力资源管理处校内调动通知》（编号160011）附件（c）

| 64 | 滕东东 | 物理科学与工程技术学院 | 物理学院 |
|---|---|---|---|
| 65 | 陈岚 | 物理科学与工程技术学院 | 物理学院 |
| 66 | 吴东 | 物理科学与工程技术学院 | 物理学院 |
| 67 | 黄臻成 | 物理科学与工程技术学院 | 物理学院 |
| 68 | 庄琳 | 物理科学与工程技术学院 | 物理学院 |
| 69 | 谢向生 | 物理科学与工程技术学院 | 物理学院 |
| 70 | 周张凯 | 物理科学与工程技术学院 | 物理学院 |
| 71 | 司徒树平 | 物理科学与工程技术学院 | 物理学院 |
| 72 | 蒋志洁 | 物理科学与工程技术学院 | 物理学院 |
| 73 | 沈培康 | 物理科学与工程技术学院 | 材料科学与工程学院 |
| 74 | 孟跃中 | 物理科学与工程技术学院 | 材料科学与工程学院 |
| 75 | 杨国伟 | 物理科学与工程技术学院 | 材料科学与工程学院 |
| 76 | 李宝军 | 物理科学与工程技术学院 | 材料科学与工程学院 |
| 77 | 张曰理 | 物理科学与工程技术学院 | 材料科学与工程学院 |
| 78 | 包定华 | 物理科学与工程技术学院 | 材料科学与工程学院 |
| 79 | 李树玮 | 物理科学与工程技术学院 | 材料科学与工程学院 |
| 80 | 王成新 | 物理科学与工程技术学院 | 材料科学与工程学院 |
| 81 | 金崇君 | 物理科学与工程技术学院 | 材料科学与工程学院 |
| 82 | 周翔 | 物理科学与工程技术学院 | 材料科学与工程学院 |
| 83 | 黄丰 | 物理科学与工程技术学院 | 材料科学与工程学院 |
| 84 | 肖敏 | 物理科学与工程技术学院 | 材料科学与工程学院 |
| 85 | 王拴紧 | 物理科学与工程技术学院 | 材料科学与工程学院 |

图 11 《中山大学人力资源管理处校内调动通知》（编号 160011）附件（d）

| 86 | 宋树芹 | 物理科学与工程技术学院 | 材料科学与工程学院 |
|---|---|---|---|
| 87 | 楚盛 | 物理科学与工程技术学院 | 材料科学与工程学院 |
| 88 | 任山 | 物理科学与工程技术学院 | 材料科学与工程学院 |
| 89 | 艾斌 | 物理科学与工程技术学院 | 材料科学与工程学院 |
| 90 | 刘勇 | 物理科学与工程技术学院 | 材料科学与工程学院 |
| 91 | 雷宏香 | 物理科学与工程技术学院 | 材料科学与工程学院 |
| 92 | 黄智恒 | 物理科学与工程技术学院 | 材料科学与工程学院 |
| 93 | 杨玉华 | 物理科学与工程技术学院 | 材料科学与工程学院 |
| 94 | 崔浩 | 物理科学与工程技术学院 | 材料科学与工程学院 |
| 95 | 张垚 | 物理科学与工程技术学院 | 材料科学与工程学院 |
| 96 | 秦霓 | 物理科学与工程技术学院 | 材料科学与工程学院 |
| 97 | 李继玲 | 物理科学与工程技术学院 | 材料科学与工程学院 |
| 98 | 吴曙翔 | 物理科学与工程技术学院 | 材料科学与工程学院 |
| 99 | 刘璞 | 物理科学与工程技术学院 | 材料科学与工程学院 |
| 100 | 何振辉 | 物理科学与工程技术学院 | 物理与天文学院 |

图12 《中山大学人力资源管理处校内调动通知》（编号160011）附件（c）

# 3月

3月8日，学院经研究决定，成立材料科学与工程学院实验教学中心，并任命张曰理为材料科学与工程学院实验教学中心主任（见图13、图14）。

# 中山大学材料科学与工程学院

材料〔2016〕2号

## 材料科学与工程学院关于成立实验教学中心的通知

学院各单位：

经研究决定：

成立材料科学与工程学院实验教学中心，负责学院本科实验教学与研究工作，内设基础材料教学实验室和专业材料教学实验室。

中山大学材料科学与工程学院

2016年3月8日

材料科学与工程学院办公室　　主动公开　　2016年3月8日印发

图13　《材料科学与工程学院关于成立实验教学中心的通知》

# 中山大学材料科学与工程学院

材料〔2016〕3号

## 材料科学与工程学院关于张曰理任职的通知

学院各单位:

经研究决定:

任命张曰理为材料科学与工程学院实验教学中心主任。

院长:[签名]

2016年3月8日

材料科学与工程学院办公室　主动公开　2016年3月8日印发

图14 《材料科学与工程学院关于张曰理任职的通知》

图 15　教师座谈会现场

3 月 18 日，学院在南校园十友堂召开教师代表座谈会，共同学习、讨论 2016 年学校春季工作会议精神，围绕“德才兼备，领袖气质，家国情怀”十二字人才培养目标，并结合学院学科专业特点，就如何培养人才等工作展开讨论（见图 15）。

图 16　东校园材料大楼建设方案座谈会现场

3 月 24 日，学院在南校园十友堂召开东校园材料大楼建设方案座谈会，华南理工大学建筑设计院设计师团队、学校基建处及学院教师代表参加会议，并围绕大楼建设的功能需求展开讨论（见图 16）。

3 月 31 日，中山大学人力资源管理处根据《中山大学关于整合成立物理学院等的通知》（中大组〔2015〕21 号）中关于整合物理科学与工程技术学院和材料科学与工程学院（筹）为物理学院、材料科学与工程学院的决定，经相关单位公开招聘、提交名单、学校研究，同意黄艳月等 3 名教职工调至材料科学与工程学院（见图 17、图 18）。

# 中山大学人力资源管理处

编号 160030

## 校内调动通知

各有关单位:

根据《中山大学关于整合成立物理学院等的通知》(中大组〔2015〕21号)中关于整合物理科学与工程技术学院和材料科学与工程学院(筹)为物理学院、材料科学与工程学院的决定，经相关单位公开招聘、提交名单、学校研究，同意黄艳月等3名教职工调动至材料科学与工程学院，同意雷世菁等4名教职工调动至物理学院(详细名单见附件)。校内调动时间从2016年3月31日算起，请协助办理有关手续。

特此通知。

附件: 调动人员名单

人力资源管理处

2016年3月31日

抄送: 物理学院、材料科学与工程学院、财务与国资管理处、总务处、研究生院、科学研究院、人力资源管理处(综合管理科、薪酬管理科、培养发展科、人才工作科、人事管理科、人才交流中心、计生办)

(联系人: 田臻，司飞; 联系电话: 020-84111795)

图 17 《中山大学人力资源管理处校内调动通知》(编号 160030)

附件：

调动人员名单

| 序号 | 姓名 | 人员类别 | 原单位 | 现单位 |
| --- | --- | --- | --- | --- |
| 1 | 黄艳月 | 管理人员 | 物理科学与工程技术学院 | 材料科学与工程学院 |
| 2 | 董秋娉 | 管理人员 | 物理科学与工程技术学院 | 材料科学与工程学院 |
| 3 | 梁苑蓝 | 管理人员 | 物理科学与工程技术学院 | 材料科学与工程学院 |
| 4 | 梁爽 | 管理人员 | 物理科学与工程技术学院 | 物理学院 |
| 5 | 仰晓莉 | 学生教育管理人员 | 物理科学与工程技术学院 | 物理学院 |
| 6 | 孙玉银 | 管理人员 | 物理科学与工程技术学院 | 物理学院 |
| 7 | 雷世菁 | 学生教育管理人员 | 物理科学与工程技术学院 | 物理学院 |

图 18　《中山大学人力资源管理处校内调动通知》（编号 160030）附件

# 4 月

4 月 14 日，中山大学经研究决定，任命王成新、陈永明为材料科学与工程学院副院长（见图 19）。

# 中山大学文件

中大干〔2016〕15 号

## 中山大学关于王成新等任职的通知

各二级党委（党总支）、直属党支部、党工委，校机关各部、处、室，各学院、直属系，各直属单位，各附属医院（单位），产业集团，各有关科研机构：

经研究决定：

任命王成新、陈永明为材料科学与工程学院副院长。

校长：

2016 年 4 月 14 日

图 19 《中山大学关于王成新等任职的通知》

4 月 27 日，广东省庆祝“五一”国际劳动节暨劳模表彰大会在广州白云国际会议中心举行，为全国和省“五一劳动奖状”“五一劳动奖章”、工人先锋号获奖单位和个人代表颁奖。材料科学与工程学院李宝军教授荣获全国“五一劳动奖章”，受到表彰（见

图 20　李宝军教授在表彰现场

图 20）。

4 月 29 日下午，校党委书记陈春声一行到学院开展党建工作调研（见图 21）。材料科学与工程学院党委书记李永乐做了党建工作报告，院长杨国伟教授做了学院事业发展情况汇报。与会职能部门负责人、学院教师代表提出了意见建议，陈春声书记做总结发言。

图 21　党建工作报告会现场

# 5月

5月10日，中国光学工程学会颁奖典礼在北京国家会议中心举办，材料科学与工程学院金崇君教授研究组博士研究生沈杨的博士毕业论文《周期性微纳金属阵列中表面等离子体共振的调控及其在生物传感器上的应用》获得优秀博士论文（见图22）。

图22　博士研究生沈杨在颁奖典礼现场

5月11日，中山大学总务处根据校公房管理领导小组相关会议精神，安排南校园东北区363栋（原医疗器械公司楼）、368栋（原中鸣公司楼）作为材料科学与工程学院南校园过渡性临时用房，共合计约3716.13平方米（见图23、图24、图25、图26）。

# 中山大学总务处

总务〔2016〕243号

## 总务处关于材料科学与工程学院南校园临时用房安排的通知

材料科学与工程学院：

根据学校公房管理领导小组相关会议精神，现将贵院南校园临时用房安排事宜通知如下：

安排南校园东北区363栋（原医疗器械公司楼）、368栋（原中鸣公司楼）合计约3716.13㎡作为材料科学与工程学院南校园过渡性临时用房。待材料科学与工程学院东校园相关用房投入使用后，南校园临时用房需无条件退出。

特此通知。

总务处

2016年5月11日

（联系人：陈 新，联系电话：84112261）

图23 《总务处关于材料科学与工程学院南校园临时用房安排的通知》

图24　南校园东北区368栋（原中鸣公司楼）

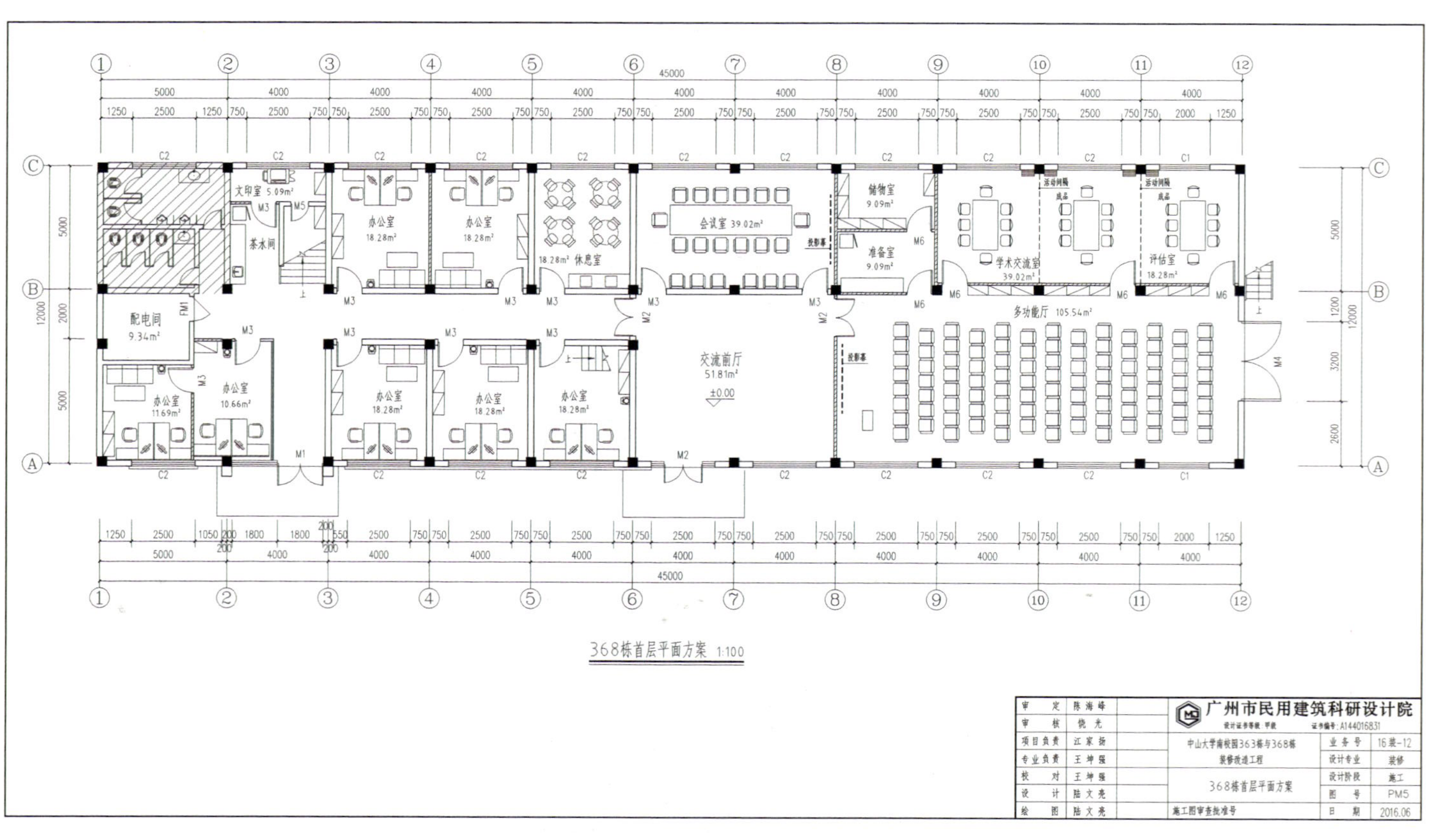


图 25　368 栋首层平面方案

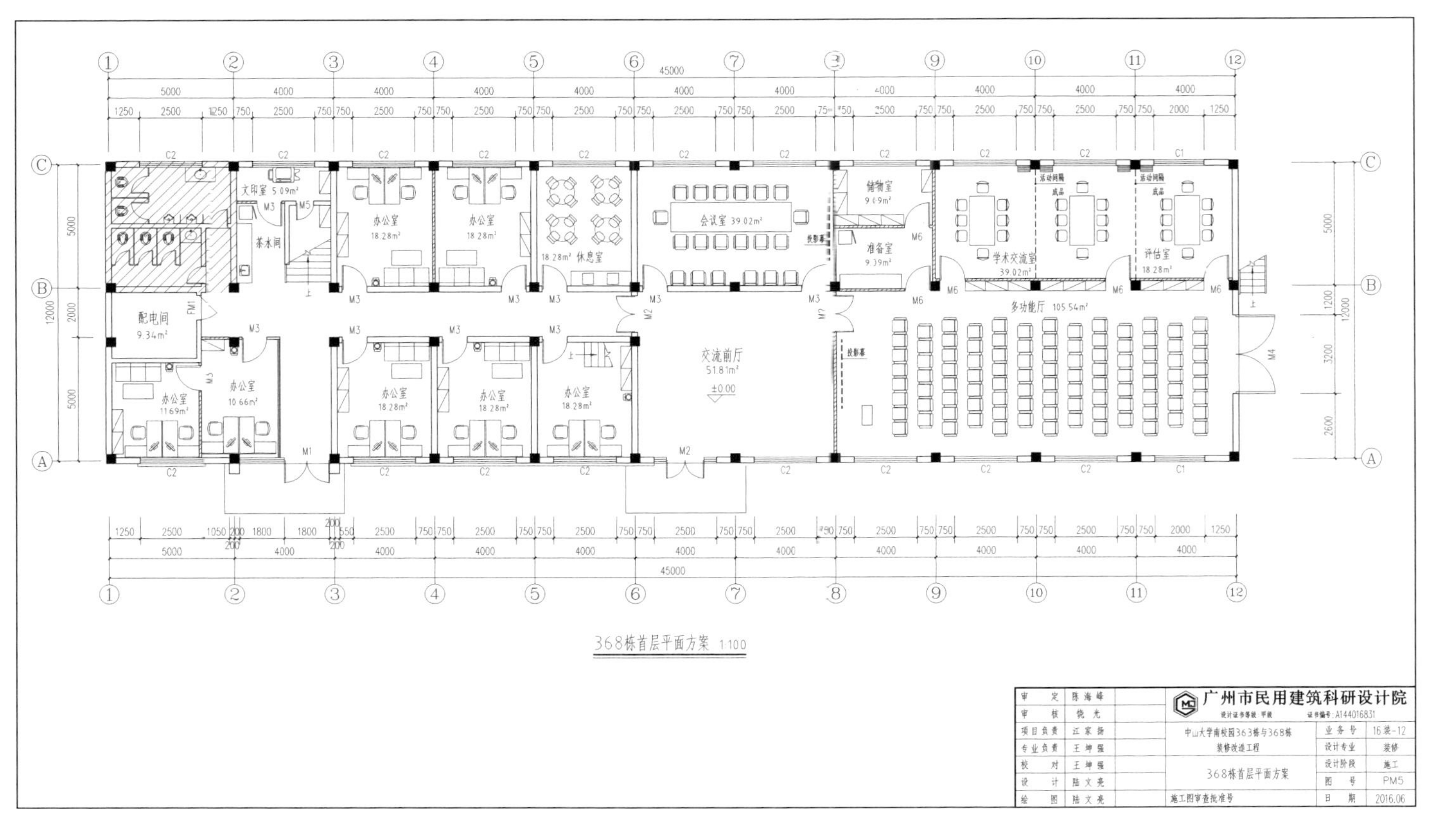


图 26　363 栋首层平面方案

5 月 25 日，学院经研究决定，任命张曰理、柯卓锋、张黎明分别为材料物理、材料化学、高分子材料与工程专业负责人（见图 27）。

中山大学材料科学与工程学院

材料〔2016〕6 号

材料科学与工程学院关于专业负责人的任命通知

学院各单位：

经学院党政联席会研究决定：

任命张曰理为材料物理专业负责人；

任命柯卓锋为材料化学专业负责人；

任命张黎明为高分子材料与工程专业负责人。

院长：[签名]

2016 年 5 月 25 日

材料科学与工程学院办公室　主动公开　2016 年 5 月 25 日印发

图 27 《材料科学与工程学院关于专业负责人的任命通知》

5 月 28 日，学院成功主办“第一届中山大学纳米材料前沿论坛会议”（见图 28）。会议邀请了来自北京大学、中国科学院、中国科学技术大学等兄弟院校纳米材料领域的 9 位专家学者，他们介绍了各自领域的科研成果。副院长王成新教授做欢迎致辞，李永乐书记做会议总结。

图 28　第一届中山大学纳米材料前沿论坛会议现场

## 6 月

6 月 12 日，学校经研究决定，任命朱蕾为材料科学与工程学院党政办公室主任（见图 29）。

中山大学人力资源管理处

人力资源〔2016〕102号

**人力资源管理处关于潘蓉等任免职的通知**

校机关各部、处、室，各学院、直属系，各直属单位，各附属医院（单位），产业集团，各有关科研机构：

经研究决定：

潘蓉任党委组织部干部监督岗干部（正科实职），

丘钦英任党委组织部综合事务岗干部（正科实职），

卢思颖任党委组织部组织建设岗干部（副科实职）；

朱蕾任材料科学与工程学院党政办公室主任（正科实职）。

以上人员原任职务自然免去。

人力资源管理处

2016年6月12日

中山大学人力资源管理处　　2016年6月13日印发

图29 《人力资源管理处关于潘蓉等任免职的通知》

图 30　第二届中山大学国际青年学者珠海论坛材料科学与工程分论坛与会人员合影

6 月 18—19 日，学院在南校园举办了“第二届中山大学国际青年学者珠海论坛材料科学与工程分论坛”（见图 30）。18 日上午，开幕式由副院长陈永明教授主持，学院党委李永乐书记代表学院致辞，并欢迎优秀青年学者，院长杨国伟教授出席并介绍学院基本情况，随后 19 名优秀青年学者做学术报告。19 日，学院召开人才引进宣传交流会。

6 月 24 日，张黎明教授获得 2016 年“中山大学优秀共产党员”称号（见图 31）。

图 31　张黎明教授（右四）在颁奖现场

图 32　第一届全体教职工大会暨第一届工会会员大会现场

6 月 24 日，学院召开第一届全体教职工大会暨第一届工会会员大会（见图 32），选举出学院第一届分工会委员会委员（按姓氏笔画排序）：包定华、朱蕾、柯卓锋、黄华华、黄艳月、梁苑蓝、蒋婷婷。学院教职工名单（2016 年 6 月 24 日更新）见表 1。

表 1　学院教职工名单

| 序号 | 姓名 | 性别 | 所属岗位 | 职称 / 职务 |
|---|---|---|---|---|
| 1 | 伍　青 | 男 | 专任教师 | 教授 |
| 2 | 张曰理 | 男 | 专任教师 | 教授 |
| 3 | 杨国伟 | 男 | 专任教师 | 教授，院长 |
| 4 | 李宝军 | 男 | 专任教师 | 教授 |
| 5 | 李树玮 | 男 | 专任教师 | 教授 |
| 6 | 孟跃中 | 男 | 专任教师 | 教授 |
| 7 | 周　翔 | 男 | 专任教师 | 教授 |
| 8 | 沈培康 | 男 | 专任教师 | 教授 |
| 9 | 包定华 | 男 | 专任教师 | 教授 |
| 10 | 肖　敏 | 女 | 专任教师 | 教授 |
| 11 | 帅心涛 | 男 | 专任教师 | 教授 |
| 12 | 高海洋 | 男 | 专任教师 | 教授 |
| 13 | 张建勇 | 男 | 专任教师 | 教授 |
| 14 | 王拴紧 | 男 | 专任教师 | 教授 |
| 15 | 宋树芹 | 女 | 专任教师 | 教授 |
| 16 | 刘　勇 | 男 | 专任教师 | 教授 |
| 17 | 金崇君 | 男 | 专任教师 | 教授 |
| 18 | 王成新 | 男 | 专任教师 | 教授 |
| 19 | 陈永明 | 男 | 专任教师 | 教授 |
| 20 | 楚　盛 | 男 | 专任教师 | 教授 |

续表

| 序号 | 姓名 | 性别 | 所属岗位 | 职称/职务 |
|---|---|---|---|---|
| 21 | 黄　丰 | 男 | 专任教师 | 教授 |
| 22 | 杨洋溢 | 男 | 专任教师 | 副教授 |
| 23 | 曾兆华 | 男 | 专任教师 | 副教授 |
| 24 | 任　山 | 男 | 专任教师 | 副教授 |
| 25 | 杨建文 | 男 | 专任教师 | 副教授 |
| 26 | 雷宏香 | 女 | 专任教授 | 副教授 |
| 27 | 艾　斌 | 男 | 专任教师 | 副教授 |
| 28 | 黄智恒 | 男 | 专任教师 | 副教授 |
| 29 | 刘军民 | 女 | 专任教授 | 副教授 |
| 30 | 梁国栋 | 男 | 专任教师 | 副教授 |
| 31 | 杨玉华 | 女 | 专任教授 | 副教授 |
| 32 | 李继玲 | 女 | 专任教授 | 副教授 |
| 33 | 崔　浩 | 男 | 专任教师 | 副教授 |
| 34 | 刘　璞 | 男 | 专任教师 | 副教授 |
| 35 | 张　垚 | 男 | 专任教师 | 副教授 |
| 36 | 吴曙翔 | 男 | 专任教师 | 副教授 |
| 37 | 柯卓锋 | 男 | 专任教师 | 副教授 |
| 38 | 程　度 | 男 | 专任教师 | 副教授 |
| 39 | 郑永太 | 男 | 专任教师 | 副教授 |
| 40 | 秦　霓 | 女 | 专任教师 | 讲师 |
| 41 | 黄华华 | 女 | 专任教师 | 讲师 |
| 42 | 李永乐 | 男 | 党政管理人员 | 党委书记 |

续表

| 序号 | 姓名 | 性别 | 所属岗位 | 职称 / 职务 |
|---|---|---|---|---|
| 43 | 朱　蕾 | 女 | 党政管理人员 | |
| 44 | 刘　芳 | 女 | 党政管理人员 | 党委副书记 |
| 45 | 黄艳月 | 女 | 党政管理人员 | |
| 46 | 梁苑蓝 | 女 | 党政管理人员 | |
| 47 | 董秋娉 | 女 | 党政管理人员 | |
| 48 | 欧阳红群 | 女 | 工程技术人员 | |
| 49 | 李　欢 | 女 | 工程技术人员 | |
| 50 | 蒋婷婷 | 女 | 工程技术人员 | |
| 51 | 张京涛 | 男 | 专职科研人员 | |
| 52 | 季　旭 | 男 | 专职科研人员 | |
| 53 | 刘文杰 | 女 | 专职科研人员 | |
| 54 | 黄　盛 | 男 | 专职科研人员 | |
| 55 | 李志勇 | 男 | 专职科研人员 | |
| 56 | 韩世松 | 男 | 专职科研人员 | |
| 57 | 周　晶 | 女 | 团队助理 | |
| 58 | 罗艳云 | 女 | 团队助理 | |
| 59 | 吴　帆 | 女 | 团队助理 | |
| 60 | 张凤玲 | 女 | 团队助理 | |
| 61 | 李晓霞 | 女 | 团队助理 | |
| 62 | 徐存华 | 男 | 团队助理 | |
| 63 | 杨　璐 | 女 | 团队助理 | |
| 64 | 孙树建 | 男 | 团队助理 | |

续表

| 序号 | 姓名 | 性别 | 所属岗位 | 职称 / 职务 |
|---|---|---|---|---|
| 65 | 林冬妮 | 女 | 团队助理 | |
| 66 | 麦颖琦 | 女 | 团队助理 | |
| 67 | 吴云娣 | 女 | 团队助理 | |
| 68 | 韦显思 | 男 | 团队助理 | |

# 7月

7月4—8日，学院举办“首届优秀大学生夏令营”（见图33）。5日上午，在夏令营开营仪式上，杨国伟院长和王成新副院长致辞并介绍学院情况。夏令营安排了包括学科专业介绍会、师生交流座谈会、实验室参观及推免生面试等在内的多项活动。

图33　首届优秀大学生夏令营师生合影

# 8月

8月10日，教育部批复中山大学：同意广州校区东校园化学与材料楼项目的建设（见图34）。

中华人民共和国教育部

教发函〔2016〕164号

**教育部关于中山大学广州校区东校园化学与材料楼项目建议书的批复**

中山大学：

《中山大学关于报送广州校区东校园化学与材料楼项目建议书的请示》(中大〔2016〕60号)收悉。根据国家相关法律法规及有关规定,经研究,现批复如下:

根据学校事业发展需要,为改善办学条件,同意你校根据广州市城市规划局《关于同意中山大学东校区修建性详细规划方案的函》(穗规批〔2012〕176号),在广州校区东校园选址新建化学与材料楼项目。该项目总建筑面积137770平方米,估算总投资93225万元。

请据此开展相关前期工作,落实建设条件和资金,按照《教育部直属高校基本建设管理办法》有关规定,组织编制项目可行性研究报告报送我部审批。

教育部

2016年8月10日

图34 《教育部关于中山大学广州校区东校园化学与材料楼项目建议书的批复》

图 35　李永乐书记在新生大会上致辞

图 36　杨国伟院长致辞

8 月 26—28 日，学院在南校园组织“首届新生——2016 级新生迎新系列活动”，迎来了 258 名新生，其中，本科生 193 人，研究生 65 人。迎新活动包括新生报到、新生家长见面会、迎新大会、专业介绍会议、安全教育、心理健康教育、医保政策讲解、校史校情、院史院情、党团知识与社会主义核心价值观学习、走访新生宿舍、本科生军训动员大会等。杨国伟院长、李永乐书记等院领导参加活动（见图 35、图 36）。

图 37　田雪林教授（田雪林教授供图，摄于 2016 年 5 月）

8 月 30 日，学院首位“百人计划”引进人才田雪林教授到岗（见图 37）。

# 9月

9月6日，学院“百人计划”引进人才刘书乐副教授到岗。

9月28日，学校总务处根据学校公房使用情况，安排东校园工学院楼C座401房至404房（约1200平方米）作为学院引进人才的办公及科研用房；在东校园材料大楼建成使用前，学院使用原理工学院南校园用房作为行政办公用房及科研用房的，暂时不变，会议室等办公辅助用房可与物理学院及其他相关单位协调共用（见图38）。

中山大学总务处

总务〔2016〕551号

**总务处关于材料科学与工程学院相关用房安排的通知**

材料科学与工程学院：

根据学校公房使用情况，经学校研究决定拟将贵学院相关用房安排如下：

一、安排东校园工学院楼C座401-404（约1200㎡）用房作为材料科学与工程学院引进人才的办公及科研用房；

二、在东校园材料大楼建成使用前，材料科学与工程学院使用原理工学院南校园用房作为行政办公用房及科研用房的，暂保持不变；会议室等办公辅助用房可与物理学院及其他相关单位协调共用。

特此通知。

总务处

2016年9月28日

（联系人：陈 新，联系电话：84112261）

图38 《总务处关于材料科学与工程学院相关用房安排的通知》

# 10 月

10 月 8 日，学院团委获批成立（见图 39）。

## 共青团中山大学委员会

团发〔2016〕26 号

### 关于同意成立共青团中山大学材料科学与工程学院委员会的复函

中共中山大学材料科学与工程学院委员会：

你院《关于拟成立共青团中山大学材料科学与工程学院委员会的函》收悉。经研究，同意成立共青团材料科学与工程学院委员会。

特此复函。

共青团中山大学委员会

2016 年 10 月 8 日

共青团中山大学委员会　　主动公开　　2016 年 10 月 8 日印发

图 39　《关于同意成立共青团中山大学材料科学与工程学院委员会的复函》

10 月 13 日，学院“百人计划”引进人才王志勇副教授到岗。

10月24日，学院组织“讲道德、有品行”专题学习讲座，邀请学校纪委副书记、监察处处长何晓钟做以《学习〈准则〉和〈条例〉的一些体会》为题的专题讲座（见图40、图41）。

图40　何晓钟在做讲座

图41　讲座现场

10月25日，学院举行2016级本科生实验室安全教育培训讲座，邀请设备处刘康富副处长主讲（见图42）。

图42　培训讲座现场

10月26日，教育部本科教学评估专家、哈尔滨工程大学原校长刘志刚教授到访材料科学与工程学院考察本科教学工作，并在南校园十友堂召开教师座谈会，杨国伟院长及其他教师代表等参加座谈。刘志刚教授对学院总体情况、科研实力和本科教学工作给予了充分肯定，并提出指导性建议（见图43、图44）。

图43　教师座谈会现场

图44　刘志刚教授发表意见

10月28日，学院召开第一届学生会选举大会、第一届研究生会选举大会（见图45、图46）。

图45　第一届学生会选举大会现场

图46　第一届研究生会选举大会全体与会人员合影

# 11月

11月6日，学院参与举办了第一届“逸仙论坛”——生物医用水凝胶学术研讨会（见图47）。会议在南校园十友堂举行，共有来自高分子水凝胶材料、再生医学、植入材料等领域的15名中青年学者做报告，听取报告的研究生累积达200人次。

图47 研讨会与会人员合影

11月15日、17日，学院举办第一期师生午餐会，杨国伟院长、王成新副院长、刘勇教授、王拴紧教授等参加（见图48）。

图48 师生午餐会现场

11月23日，学院召开材料科学与工程一级学科学位授权点校外专家评估会（见图49）。评估会邀请了浙江大学钱国栋教授、吉林大学崔田教授和刘冰冰教授、北京大学黄富强教授、中国科学院物理研究所白雪冬研究员等专家参加，钱国栋教授任专家组组长。会上，研究生院宁黎汇报了学校学位授权点合格评估工作的进展（见图 50），王成新副院长汇报了本学位授权点的具体情况（见图 51）。评估专家组通过听取汇报、查阅材料、与师生座谈等方式，依据评估指标进行检查评估，给予“该一级学科博士学位授权点合格”的评估建议。

图 49　专家评估会现场

图 50　研究生院宁黎对学校学位授权点合格评估工作进展汇报现场

图 51　王成新副院长对学位授权点具体情况汇报现场

11 月 24 日，学院承办的第六届山海论坛——材料科学与工程分论坛在南校园举行。论坛围绕功能高分子材料、生物医用材料等主题开展研讨，共有来自广州中山大学、高雄中山大学、厦门大学三校的 14 位学者参加研讨（见图 52）。

图 52　第六届山海论坛——材料科学与工程分论坛与会人员合影

11 月 26 日，广东第六届大学生材料创新大赛开幕式暨无机非金属材料分赛区决赛在中山大学东校园举办（见图 53）。开幕式上，广东省材料研究学会名誉理事长梁振锋代表主办方致辞，学校颜光美副校长致辞，杨国伟院长代表承办方发言。省内外 14 所高校共 94 支参赛队伍报名参加比赛。大赛以“新材料、新生活、新世界”为主题，分无机非金属材料赛区、高分子材料赛区和金属材料赛区，历时半年，经报名、初赛、分赛区决赛、总决赛等阶段，最终评选出一等奖 2 项、二等奖 4 项、三等奖 14 项、优胜奖与优秀指导教师若干名。

11 月 27 日，学院在南校园十友堂 300 室举办科研发展研讨会。全体教职工出席会议，会议由李永乐书记主持，杨国伟院长做学科建设介绍，陈永明副院长做科研政策解读（见图 54）。

图53　学校颜光美副校长（左五）、材料科学与工程学院院长杨国伟教授（左三）与学院党委刘芳副书记（右一）出席广东第六届大学生材料创新大赛开幕式暨无机非金属材料分赛区决赛现场

图54　科研发展研讨会现场

# 12 月

12 月 5 日，学院参与承办的第十届“冯新德高分子奖”颁奖典礼暨冯新德高分子奖特别研讨会在南校园丰盛堂召开（见图 55）。研讨会由 Elsevier 出版社和 *Polymer* 期刊组织。参会人员包括第十届冯新德奖及提名奖作者、历届“冯新德高分子奖”优秀文章奖获奖作者，*Polymer* 期刊主编和副主编程正迪、韩志超、陈尔强、陈永明等教授，以及校内外青年教师学者、研究生共百余人。

图 55　我院陈永明教授（左二）出席研讨会和颁奖现场

12 月 10 日，学院参与承办的高分子材料与工程“逸仙论坛”——高分子应用材料高端论坛在南校园丰盛堂召开。论坛邀请了十余位高分子材料与工程领域的部分领军科学家，围绕“应用功能高分子材料”的主题进行学术交流及研讨（见图 56）。

图 56 “逸仙论坛”——高分子应用材料高端论坛与会人员合影

图 57 学院全体党员大会现场

12 月 20 日，学院在南校园十友堂 300 室召开全体党员大会（见图 57），校党委常委、副校长朱熹平同志，组织部副部长范涛同志出席大会。大会选举产生了材料科学与工程学院新一届党委会委员，刘芳、李永乐、宋树芹、高海洋、黄丰（按姓氏笔画排序）等五位同志当选。

12 月 24—26 日，学院承办的“第一届中山大学国际青年学者深圳论坛材料科学与工程分论坛”成功举办，共邀请 26 位海内外优秀青年学者参加（见图 58）。26 日上午的论坛开幕式上，杨国伟院长、李永乐书记及陈永明副院长参加，共同欢迎来自海内外的学者，26 名青年学者做了精彩的学术报告。26 日下午，学院召开人才引进宣传交流会。

图 58 第一届中山大学国际青年学者深圳论坛材料科学与工程分论坛与会人员合影

12 月 30 日，学院“百人计划”引进人才罗惠霞教授到岗。

# 2017年

# 1月

1月7日，学院组织“嗓音的科学训练和保健”知识讲座，邀请广州大学新闻与传播学院播音系副系主任苏凡博老师主讲。该讲座由教工第二党支部承办（见图1、图2）。

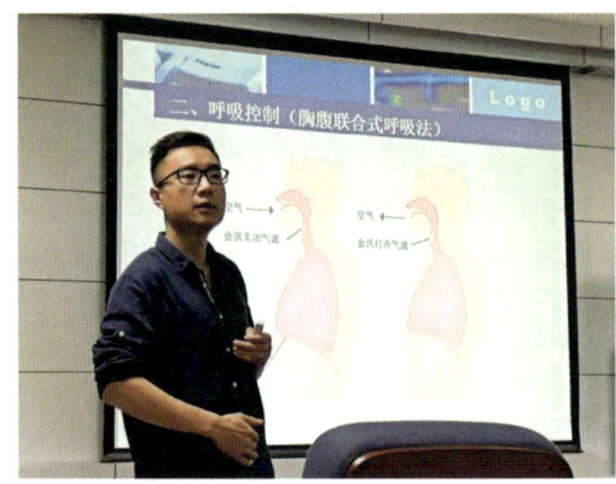


图1　苏凡博老师授课现场

图2　课后合影

1月11日，杨洋溢副教授、梁国栋副教授晋升为教授，秦霓讲师晋升为副教授。

1月13日，学院“百人计划”引进人才林显忠副教授到岗。

1月24日，学院“百人计划”引进人才岳晚教授到岗。

# 2月

2月7日，广东省委、省政府在广州珠岛宾馆召开2016年度广东省创新发展大会，表彰获得 2016 年度广东省科学技术奖的先进单位和个人。材料科学与工程学院包定华教授的研究成果“功能薄膜的物性与机理研究”荣获 2016 年度广东省科学技术奖自然科学一等奖（见图 3、图 4）。

图 3　包定华教授（右三）在颁奖现场

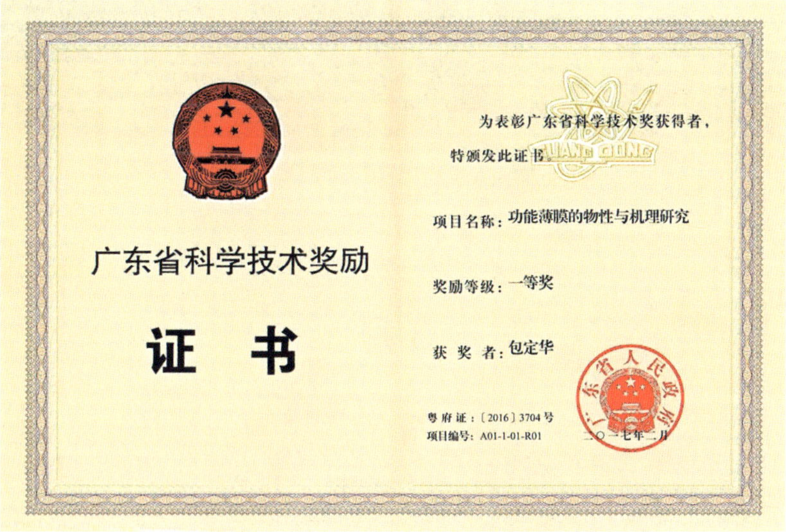

广东省科学技术奖励

证　书

为表彰广东省科学技术奖获得者，

特颁发此证书。

项目名称：功能薄膜的物性与机理研究

奖励等级：一等奖

获 奖 者：包定华

粤府证：〔2016〕3704 号

项目编号：A01-1-01-R01

二〇一七年二月

图 4　“功能薄膜的物性与机理研究”项目获得的广东省科学技术奖励证书

2 月 23 日，学院在南校园十友堂召开全体教职工会议，布置新学期开学工作，全院教职工参加。会上，杨国伟院长做学科建设发展总体规划报告，学院领导班子就各自分管领域做工作汇报，李永乐书记进行会议总结发言（见图 5）。

图 5　全体教职工会议现场

## 3 月

3 月 23 日，罗俊校长一行到学院开展学科建设调研工作，陪同参加调研的有相关职能部门负责人、学院党政领导班子及教师代表等 17 人。此次调研会在南校园十友堂举行，杨国伟院长做学科建设发展报告，各职能部门负责人提出意见和建议，罗俊校长做总结发言，他肯定了学院学科建设取得的成绩，并希望学院能抓住中山大学所处的重大历史性发展机遇，集中力量办大事，进一步提升学院的学科建设和发展水平（见图6）。

图6　学科建设调研工作汇报现场

# 4月

4月20日，学院在南校园十友堂举行首笔捐赠资金“博兴学生发展基金”捐赠签约仪式（见图7、图8、图9）。广东博兴新材料科技有限公司无偿捐赠人民币20万元，支持学院的学生培养工作，设立“博兴学生发展基金”。广东博兴新材料科技有限公司创办人兼总经理、校友庞来兴博士，副校长朱熹平，教育发展与校友事务办公室主任兼教育发展基金会秘书长李汉荣，院长杨国伟，党委书记李永乐，党委副书记刘芳等出席了签约仪式。

图 7 “博兴学生发展基金”签约现场（左三为校友庞来兴博士；右起分别为刘芳、李永乐、李汉荣、朱熹平、杨国伟）

图 8 李永乐书记为庞来兴博士颁发勋章

图9 副校长朱熹平为庞来兴博士颁发鸣谢证书

# 5月

5月16日，学院在南校园十友堂召开东校园材料大楼项目功能需求座谈会（见图10），学院东校园材料大楼建设工作小组的成员参加座谈会，并邀请基建处、广州市重点项目建设办公室及广东华方工

图10 座谈会交流现场

程设计有限公司相关人员参加。此次会议对材料大楼项目的立项、方案设计等内容进行讨论，并就大楼功能需求征求意见。

5 月 27 日，学院举办 2017 年第一届“青年马克思主义者培养工程”（简称“青马工程”）培训班开班仪式。学院党委副书记刘芳、团委书记曹波和“青马工程”培训班的 19 位学员出席了仪式（见图 11）。

图 11　“青马工程”培训班开班仪式合影

# 6 月

6 月 1 日，学院“百人计划”引进人才奚斌教授到岗。

6 月 6 日，学院拍摄 2017 届毕业生合影（见图 12）。

图12　中山大学材料科学与工程学院2017届毕业生合影

图13　2017年中山大学国际青年学者珠海论坛材料科学与工程分论坛现场

6月16—18日，学院在南校园十友堂举办2017年中山大学国际青年学者珠海论坛材料科学与工程分论坛（见图13、图14）。17日上午，分论坛开幕，李永乐书记代表学院致辞并欢迎青年学者（见图15），11位青年学者陆续做学术报告。17日下午，陈永明副院长在人才引进宣传交流会上与青年学者开展交流。

图 14　2017 年中山大学国际青年学者珠海论坛材料科学与工程分论坛与会人员合影

图 15　李永乐书记致辞

6 月 19 日，学院“百人计划”引进人才李远超副教授到岗。

6 月，学院第一届毕业生——2017 届 37 位研究生毕业，当年最终就业率达 100%。

## 7 月

7 月 17—21 日，学院在南校园举办 2017 年优秀大学生夏令营，共有 70 余名来自全国高校材料相关专业的大学生参加（见图 16、图 17）。18 日上午，夏令营开营，李永乐书记致欢迎辞。夏令营活动包括研究生招生政策解读、学科介绍、师生座谈、参观学习、免试生面试等环节。

图 16　2017 年优秀大学生夏令营活动现场

图 17　2017 年优秀大学生夏令营师生合影

7 月 16—22 日，2017 年全国青少年高校科学营中山大学分营在我校举办（见图 18、图 19、图 20）。此次活动由中国科学技术协会、教育部主办，由中山大学、广东省科学技术协会、广东省教育厅共同承办。材料科学分营由学院承办，共有 60 位高中生及带队老师

图 18　2017 年全国青少年高校科学营中山大学分营现场

参加。17 日上午，科学营开营，学校党委副书记余敏斌致辞。科学营活动包括科研实验室参观体验、科学讲座、校园校史参观和学术社团文化交流等项目。

图 19　2017 年全国青少年高校科学营中山大学分营活动现场

图 20　参与 2017 年全国青少年高校科学营中山大学分营的师生合影

7 月 25 日，丁静教授、陆建峰教授、王维龙副教授由工学院调入学院工作。

# 8月

8月14—18日，学院组织6名本科生赴美国哈佛大学、普林斯顿大学、麻省理工学院、波士顿学院4所名校开展短期学习交流活动（见图21、图22）。

8月10日，学院“百人计划”引进人才刘卫教授到岗。

8月25日，学院参与举办的2017年中山大学高分子科学逸仙论坛在南校园丰盛堂召开，论坛邀请了高分子领域的百位专家学者参与，围绕“高分子材料”主题进行学术交流及研讨（见图23）。

图21　我院师生与普林斯顿大学Cava教授交流现场

图22　我院师生于波士顿学院化学系前合影

图 23　2017 年中山大学高分子科学逸仙论坛与会人员合影

8 月 28 日，学院组织 2017 级新生报到工作，迎来 2017 级本科新生 124 人、研究生新生 96 人。杨国伟院长、李永乐书记走访学生宿舍，并参加新生见面会等活动（见图 24、图 25、图 26）。

图 24　杨国伟院长走访学生宿舍

图 25　李永乐书记走访学生宿舍

图 26　李永乐书记主持新生家长见面会现场

# 9 月

9 月 7—10 日，中国物理学会 2017 年秋季学术会议在四川大学举行，博士研究生郝爱泽（指导教师：包定华教授）提交的学术论文被评为优秀海报奖。

9 月 13 日，学院第二次研究生代表大会举行，选举产生第二届研究生会主席团成员。蔡宇骏任主席，聂石桥、马明赫任副主席。

9 月 19 日，学院聘任张曰理、宋树芹、柯卓锋为 2016 级本科生班主任；聘任金崇君、岳晚、林显忠为 2017 级本科生班主任（见图 27）。

中山大学材料科学与工程学院

材料党政办〔2017〕5 号

关于本科生班主任聘任的通知

学院各单位：

经研究决定：

聘任张曰理教授、宋树芹教授、柯卓锋副教授为 2016 级本科生班主任；

聘任金崇君教授、岳晚教授、林显忠副教授为 2017 级本科生班主任。

院长：

2017 年 9 月 19 日

材料科学与工程学院办公室　主动公开　2017 年 9 月 19 日印发

图 27 《中山大学材料科学与工程学院关于本科生班主任聘任的通知》

图 28　李永乐书记做专题辅导报告现场

图 29　高海洋委员报告现场

9 月 21 日，教育部、财政部、国家发展改革委印发《关于公布世界一流大学和一流学科建设高校及建设学科名单的通知》，中山大学入选 36 所 A 类一流大学建设高校，学校共 11 个学科入选“双一流”建设学科名单，材料科学与工程学科名列其中。

9 月 21 日上午，学院在南校园十友堂召开党政联席会议，专题传达学习 2017 年学校秋季工作会议精神。

9 月 21 日下午，学院党委召开纪律教育学习月专题辅导报告会，李永乐书记和党委委员高海洋教授分别做专题报告（见图 28、图 29）。

# 10 月

10 月 9—13 日，“徕卡杯”第六届全国大学生金相技能大赛在南昌举行，中山大学参赛团队与来自清华大学、北京科技大学等 167 所高校的 497 名参赛大学生同场竞技，我院 2016 级学生徐靖靖荣获大赛一等奖，周毅、丁正卿荣获三等奖（见图 30）。

图 30　我院获奖同学与带队老师合影

10 月 9 日，学院“百人计划”引进人才彭飞副教授到岗。

10 月 10 日，学院第二次本科生代表大会举行，选举产生第二届学生会主席团成员。薛香任主席，刘嘉文、叶浚宏任副主席。

10 月 10—14 日，2017 年全国高分子学术论文报告会在四川成都举行。学院研究生李自伊、胡志涛、赖欣宜、钟柳柒获优秀墙报奖（见图 31）。

图 31　2017 年全国高分子学术论文报告会我院师生合影

10 月 12 日，学院党委书记李永乐以《形势与政策：习近平总书记的新理念、新战略、新思想》为题，为学院 2016 级、2017 级本科生讲授“形势与政策”课（见图 32）。

图 32　李永乐书记讲课现场

10 月 12 日，学院“百人计划”引进人才李岩副教授到岗。

10 月 19 日，学院在南校园十友堂召开全院党员大会，传达学习党的十九大报告精神，并选举产生材料科学与工程学院出席学校第十三次党代会的代表，李永乐同志当选（见图 33、图 34）。

图 33　李永乐书记主持全院党员大会

10 月 19 日，学院召开“双一流”建设工作动员会，李永乐书记主持会议，全院教职工参加会议。会上，杨国伟院长整体介绍了材料科学与工程学科的建设方案，王成新副院长以《以人才培养为抓手，促进“双一流”建设》为题做汇报，陈永明副院长以《提升科研水平，推动“双一流”建设》为题做汇报，刘芳副书记汇报学生工作相关情况（见图 35、图 36）。

图 34　选举学校第十三次党代会的代表现场

图 35　杨国伟院长汇报现场

图 36　李永乐书记总结发言

# 11 月

11 月 3 日，共青团中山大学材料科学与工程学院第二次代表大会在东校园召开。会议选举出共青团中山大学材料科学与工程学院第二届委员会名单，曹波、薛香、刘嘉文、蔡宇骏、何舒然当选新一届团委委员。

11 月 13 日，学院“百人计划”引进人才白莹副教授到岗。

11 月 16 日，校党委书记陈春声一行到学院开展党建工作调研，有关职能部门负责人陪同调研，院党政领导班子、教师代表等参加座谈会。会上，李永乐书记做学院党建工作汇报，并就学校第十三次党代会和综合改革提出意见。陈春声书记进行总结发言，肯定了学院成立两年来克服各种困难推动事业快速发展所取得的成绩，并对学院提出工作寄望（见图 37）。

图 37　党建工作调研座谈会现场

图 38　材料工程硕士专业学位授权点合格评估校外专家评议会现场

11 月 16 日，学院召开材料工程硕士专业学位授权点合格评估校外专家评议会（见图 38）。会议邀请北京科技大学张跃教授、浙江大学钱国栋教授、燕山大学田永君教授、温州大学黄少铭教授、先进储能材料国家研究中心朱济群总工程师任评估专家。会上，研究生院宁黎汇报了学校评估工作进展，宋树芹教授汇报了本学位授权点情况。通过听取汇报、审阅材料、座谈了解，评估专家给出“材料工程硕士专业学位授权点合格”的评估建议。

11 月 30 日，广东省科协发布《广东省科协关于表彰第十四届广东省丁颖科技奖获奖者的决定》（粤科协组〔2017〕4 号），我院杨国伟教授荣获第十四届广东省丁颖科技奖（见图 39）。广东省丁颖科

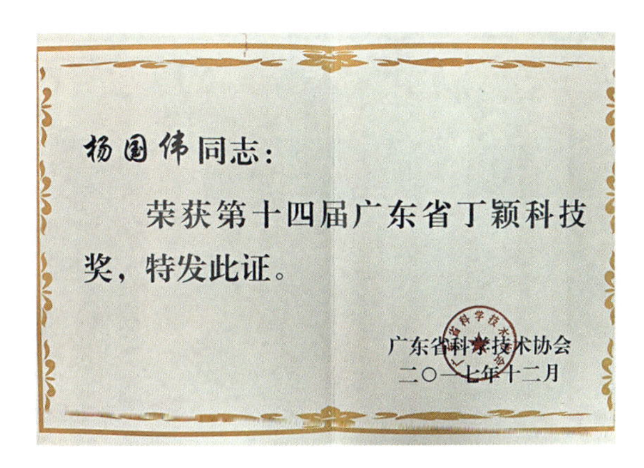

杨国伟同志：

荣获第十四届广东省丁颖科技奖，特发此证。

广东省科学技术协会

二〇一七年十二月

图 39　第十四届广东省丁颖科技奖获奖证书

技奖是1989年经省政府批准并以著名科学家丁颖院士的名义设立的科技奖项。

## 12月

12月2日，2017年广东省第七届大学生材料创新大赛在东校园开幕（见图40、图41）。大赛由广东省材料研究学会主办、学院承办，共23所省内外高校的117支队伍400多人参赛，参赛高校数、参赛队伍数、参赛人数均达历届之最。开幕式上，广东省材料研究学会游长江副秘书长、杨国伟院长分别致辞（见图42、图43）。

图40　广东省第七届大学生材料创新大赛开幕式领导班子合影

图 41　广东省第七届大学生材料创新大赛全体与会人员合影

图 42　广东省材料研究学会游长江副秘书长在开幕式致辞

图 43　杨国伟院长在开幕式致辞

12 月 9 日，学院党委、分工会联合组织教职工赴东江纵队纪念馆开展参观学习（见图 44）。

图 44　学院教职工活动合影

12 月 13 日，学院坐落于东校园工学院 C 座四楼的引进人才办公科研用房完成装修，新引进的专任教师开始入驻（见图 45）。

图 45　学院教师入驻工学院 C 座引进人才办公科研用房

12 月 14 日，学院召开“两学一做”暨学习党的十九大精神专题辅导报告会，党委刘芳副书记以《树立党章意识　加强党性修养——学习党的十九大修订的新党章》为题做专题辅导报告（见图 46），党委宋树芹委员做题为《不忘初心　牢记使命——当好新时代中国特色社会主义建设者》的报告（见图 47）。

图 46　党委刘芳副书记做专题辅导报告

图 47　党委宋树芹委员汇报现场

12月22—24日，2017年中山大学国际青年学者深圳论坛召开，学院承办材料科学与工程分论坛，共邀请27名青年学者参加（见图48）。12月23日，在分论坛开幕式上，学术委员会主任包定华教授及陈永明副院长分别致欢迎辞。与会青年学者做学术报告并参加引进人才宣传交流会。

图48　分论坛与会人员合影

12月26日，学院党委开展2017年党支部书记述职评议考核工作（见图49）。8位党支部书记分别做工作汇报。

图49　学院2017年党支部书记述职评议考核工作现场

12月26日，设备与实验室管理处、保卫处及专家组成的检查组对学院开展2017年度实验室安全工作考核及寒假前全校实验室安全检查工作（见图 50）。朱熹平副校长参加了现场检查环节。高海洋院长助理做实验室安全建设及管理工作总体情况汇报。

图 50　2017 年度实验室安全工作考核检查组与我院教师合影

12 月，材料科学与工程一级学科在教育部第四轮学科评估中获 B 等级。

# 2018年

# 1 月

1 月 2 日，学院“百人计划”引进人才吴同飞副教授到岗。

1 月 13 日，学院在珠海校区伍舜德国际学术交流中心召开 2018 年引进人才发展研讨交流会暨国家基金申报动员会。近 70 名教职工参加会议，陈永明副院长主持会议。

1 月 13 日上午，李永乐书记致会议开幕辞，陈永明副院长对 2018 年国家重点研发计划进行介绍及动员，为新入职教职工介绍研究方向。会议还安排了国家自然科学基金申报书撰写专题辅导。

1 月 13 日下午，学院召开 2017 年度中层领导班子民主生活会征求意见座谈会，领导班子成员听取了 17 名参会教职工围绕学院领导班子及其成员在学习贯彻习近平新时代中国特色社会主义思想、认真执行党中央决策部署和学校党委决议决定、对党忠诚老实、担当负责、纠正四风、严格执行廉洁自律方面提出的意见建议，以及就如何开展学科建设、人才培养和科学研究展开讨论（见图 1）。

图 1　2017 年度中层领导班子民主生活会征求意见座谈会现场

1 月 13 日晚，学院召开 2017 学年第 2 学期本科教学研讨会，王成新副院长主持会议，40 余名专任教师参加。王成新副院长介绍学院本科教学课程及教学实验室建设（见图 2），刘芳副书记介绍本科生第二课堂建设。

图 2　王成新副院长在本科教学研讨会上做报告

1 月 13 日，王成新副院长、宋树芹院长助理带队一行五人到访珠海高新区，与高新区管委会副主任张静华、黄智恒开展交流，并与高新区光驭科技、纳金科技、鼎泰芯源、安润普、兴业新材料、健帆生物和艾默生等七家企业进行沟通交流（见图 3）。上述交流围绕产学研、人才培养实践基地建设开展。

图 3　交流会现场

1月14日，学院组织赴珠海参加2018年引进人才发展研讨交流会的教职工参观苏兆征故居（见图4）。

图4　教职工代表合照

1月15日，学院“百人计划”引进人才杨亚斌副教授到岗。

1月17日，政协第十一届广东省委员会常务委员会第二十四次会议在广州召开。杨国伟教授和包定华教授当选政协第十二届广东省委员会委员并参加政协第十二届广东省委员会第一次会议（见图5）。

图5　我院杨国伟教授（右）及包定华教授（左）于政协第十二届广东省委员会第一次会议现场

1 月 18 日，学院在南校园十友堂召开 2017 年度中层领导班子民主生活会，朱熹平副校长全程参加并指导会议。院党员领导班子成员在会上做对照检查发言、开展批评与自我批评。朱熹平副校长最后进行工作点评（见图 6）。

图 6　2017 年度中层领导班子民主生活会现场

# 3 月

3 月 1 日，学院“百人计划”引进人才李正珂副教授到岗。

3 月 12 日，学院在南校园十友堂召开会议集中学习贯彻习近平总书记参加十三届全国人大一次会议广东代表团审议时的重要讲话精神。学院党政领导班子成员及教职工党支部书记参加会议（见图7）。

图7　学习会议现场

3月16日，学院“百人计划”引进人才周晶副教授到岗。

3月20日，学院成立本科教学督导组，组长为宋树芹，成员分别为王拴紧、刘军民、刘勇、张曰理。

3月21日，学院分工会选出中山大学第九届教职工代表大会、第二十届工会会员代表大会材料科学与工程学院代表团。代表团成员分别是包定华、刘军民、李永乐、杨国伟、宋树芹。

3月27日，广东省人民政府发布了《广东省人民政府关于颁发2017年度广东省科学技术奖的通报》（粤府〔2018〕24号）。我院金崇君教授团队完成的“光电功能微纳结构的应用基础研究”项目荣获2017年度广东省科学技术二等奖（见图8）。

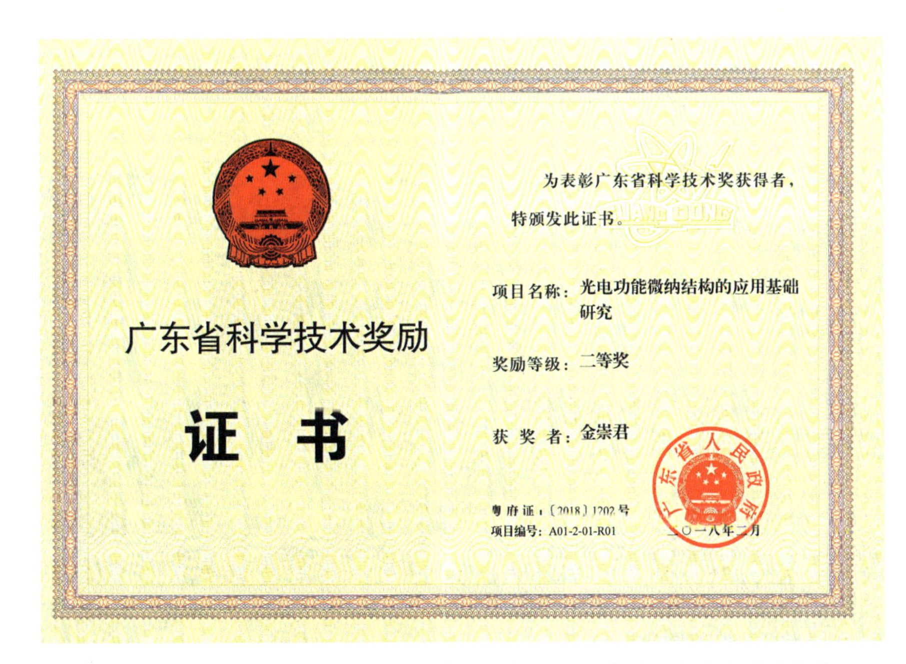

广东省科学技术奖励

证　书

为表彰广东省科学技术奖获得者，

特颁发此证书。

项目名称：光电功能微纳结构的应用基础研究

奖励等级：二等奖

获 奖 者：金崇君

粤府证：〔2018〕1202 号

项目编号：A01-2-01-R01

广东省人民政府

二〇一八年二月

图 8　“光电功能微纳结构的应用基础研究”项目获得的广东省科学技术奖励证书

3 月 27 日，学院分工会与化学学院联合组成的参赛队伍获得 2018 年中山大学教职工团体跳绳比赛一等奖，同时荣获广州校区赛区最佳风采奖。我院参赛人员包括黄华华、张可可、彭飞、王苑、吴同飞。

3 月 28 日，学院召开 2017 年度材料科学与工程学科建设评估工作会议（见图 9）。此次会议邀请清华大学李广涛教授、天津大学李悦生教授、华南理工大学张广照教授等专家参加评估。会上，陈永明副院长介绍了材料科学与工程学科第四轮学科评估的结果和学科基本情况，杨国伟院长汇报了学院学科建设的总体情况。与会专家提出建设意见，建议进一步凝练学科发展方向，面向国家重大战略需求和经济社会发展，加强材料应用基础和工程应用研究。

图 9　2017 年度材料科学与工程学科建设评估工作会议现场

3 月 31 日，学院分工会组织“三八”妇女节校外踏青活动。

## 4 月

4 月 4 日，杨国伟院长为学院 2017 级研究生讲授思想政治理论第一课（简称“思政第一课”）（见图 10）。

图 10　杨国伟院长授课现场

4 月 9 月，学院在南校园十友堂 300 室召开全体教职工大会。此次会议学习传达学校 2018 年春季工作会议精神，并就贯彻落实学校春季工作会议精神做工作部署，共促学院学科发展与“双一流”建设。杨国伟院长做传达学习和工作布置发言（见图 11），王成新副院长、陈永明副院长、刘芳副书记、院长助理高海洋和宋树芹分别就分管工作做工作汇报，李永乐书记做总结发言。

图 11　杨国伟院长在全体教职工大会上汇报发言

4月10日，黄华华由讲师晋升为副教授。

4月13日，学院“百人计划”引进人才雷丹妮副教授到岗。

4月14日，学院举办的“材华”科技文化节系列活动在东校园公教楼拉开序幕（见图12），邀请岳晚教授（见图13）、王建兴博士做首场科普讲座主讲嘉宾。

图12 “材华”科技文化节材料学科科普讲座现场

图13 岳晚教授讲座现场

4月17日，学院东校园党支部在东校园工学院C401会议室召开第一次全体党员大会（见图14）。李永乐书记参加会议并做总结发言。

图14 学院东校园党支部召开第一次全体党员大会现场

4月21日，中山大学第20届马拉松赛暨中山大学2017年“康乐杯”学生体育赛事和品牌体育赛事院系积分优胜奖颁奖仪式于南校园永芳堂铜像广场举行，学院荣获三等奖，刘芳副书记代表学院领取奖杯（见图 15）。

图 15　刘芳副书记（左三）代表学院领奖现场

4 月 21 日，学院举办第二场“材华”科技文化节系列活动之科普讲座，邀请副院长陈永明教授及雷宏香副教授作为主讲嘉宾（见图 16、图 17）。

图 16　陈永明教授与学生交流

图 17　雷宏香副教授做科普讲座

图 18　左起依次为吴同飞、罗惠霞、田雪林、朱熹平、李永乐、林显忠

4 月 28 日，校常委、副校长朱熹平与学院田雪林教授进行入党谈话，院党委李永乐书记和东校园党支部书记罗惠霞教授陪同参加（见图 18）。朱熹平副校长随后参观了位于工学院 C 座的引进人才实验室。

## 5 月

5 月 12 日，复旦大学高分子科学系师生一行 23 人到学院开展访问交流，刘芳副书记主持活动，陈永明副院长、岳晚教授出席活动并做报告（见图 19）。

图 19　复旦大学高分子科学系师生与我院师生合影

5 月 22 日，黄丰教授获批 2016 年

“广东省培养高层次人才特殊支持计划”（简称“广东特支计划”）的“科技创新领军人才”项目，宋树芹教授获批“科技创新青年拔尖人才”项目。“广东特支计划”计划每年在全省遴选支持一批自然科学、工程技术和哲学社会科学领域的杰出人才、领军人才和青年拔尖人才。项目遴选共支持 3 个层次 9 类人才：第一层次为杰出人才；第二层次为领军人才，包括科技创新领军人才、科技创业领军人才、宣传思想文化领军人才、教学名师、百千万工程领军人才；第三层次为青年拔尖人才，包括科技创新青年拔尖人才、百千万工程青年拔尖人才、青年文化英才。

5 月 26 日，学院举办第一期入党积极分子培训班活动，带领入党积极分子 30 余人在毛泽东同志曾主办农民运动讲习所的旧址与广州烈士陵园开展红色教育活动（见图 20）。

5 月 31 日，学院“百人计划”引进人才王山峰教授到岗。

图 20　第一期入党积极分子培训班活动人员合影

# 6月

图 21　罗惠霞教授荣获 2018 年度科学家奖的证书及奖牌

图 22　第一期入党积极分子培训班成员活动合影

6月6日，在瑞典斯德哥尔摩市举办的先进复合材料及生物传感器与生物电子学研讨系列会议（Advanced Composite Material Congress & Biosensors and Bioelectronics Symposium）上，罗惠霞教授荣获国际先进材料学会（International Association of Advanced Materials，IAAM）颁发的2018年度科学家奖（IAAM Scientist Medal）（见图 21）。

6月11日，学院组织第一期入党积极分子培训班成员参观南校园图书馆举办的“笃行与薪传——马克思主义在中山大学的实践与传承”专题展览活动（见图 22）。

6月11日，学院拍摄2018届毕业生合影（见图 23）。

图23　中山大学材料科学与工程学院2018届毕业生合影

6月13日，学院“百人计划”引进人才赵天宇副教授到岗。

6月15—17日，学院承办的2018年中山大学国际青年学者珠海论坛材料科学与工程分论坛在南校园举行，共邀请7位优秀青年学者参加（见图24）。

图24　2018年中山大学国际青年学者珠海论坛材料科学与工程分论坛与会人员合影

# 7月

7月4日，学院东校园党支部教师前往图书馆开展主题党日活动，参观“笃行与薪传——马克思主义在中山大学的实践与传承”纪念马克思诞辰200周年专题展览（见图25）。

图25　我院东校园党支部教师参加主题党日活动合影

7月4日，学院召开全体党员大会（见图26）。会议邀请马克思主义学院方涛副研究员讲授“习近平新时代中国特色社会主义思想”专题辅导报告，并进行校（院）级优秀共产党员、优秀党务工作者和先进基层组织表彰，开展预备党员入党宣誓。全员师生党员80人参加会议，刘芳副书记主持会议。

图26　刘芳副书记主持全体党员大会

7月4日，学院“百人计划”引进人才谢庄副教授到岗。

7月16日，中山大学党委经研究决定，任命李伯军同志担任材料科学与工程学院党委委员、书记（见图27、图28）。

# 中共中山大学委员会文件

中大党组发〔2018〕44号

## 中共中山大学委员会
## 关于李永乐等同志任免职的通知

各二级党委（党总支）、直属党支部、党工委，校党群机关各部门：

经研究决定：

李永乐同志任党委组织部正处级专职组织员，免去其材料科学与工程学院党委书记、委员职务；

李伯军同志任材料科学与工程学院党委委员、书记，免去其生命科学学院党委书记、委员职务；

赵勇同志任生命科学学院党委委员、书记；

侯志红同志任党委组织部正处级专职组织员，免去其社会学与人类学学院党委书记、委员职务；

罗镇忠同志任社会学与人类学学院党委委员、书记，免去其法学院党委书记、委员职务；

图27 《中共中山大学委员会关于李永乐等同志任免职的通知》（a）

李明章同志任法学院党委委员、书记；
王莉婧同志任哲学系党委委员、副书记；
免去王燕芳同志哲学系党委副书记、委员职务。

中共中山大学委员会
2018年7月16日

中山大学党委办公室　主动公开　2018年7月16日印发

图28　《中共中山大学委员会关于李永乐等同志任免职的通知》（b）

7月16日，学院举行2018学年第一学期新开课、开新课教师试讲活动。19名拟新开课的教师分别对14门课程进行试讲，学院督导组成员试听并点评（见图29）。

图29　教师试讲新课现场

7 月 16—20 日，学院举办 2018 年优秀大学生夏令营，70 余名材料相关专业大学生参加活动（见图 30）。17 日上午，夏令营正式开营，杨国伟院长致欢迎辞，王成新副院长介绍学院情况及研究生招生政策，教师代表介绍各学科情况；17 日下午，师生相聚导师交流会。18 日，营员参观学院各团队实验室。19 日，营员进行选拔面试。

图 30　2018 年优秀大学生夏令营参与师生合影

# 8 月

8 月 15 日，学院“百人计划”引进人才衣芳教授到岗。

8 月 25—30 日，由教育部高等学校材料类专业教学指导委员会主办，西北工业大学、西安理工大学联合承办的“徕卡杯”第七届全国大学生金相技能大赛在西安举行。学院三位参赛选手郑晴、朱群、刘海龙分别获大赛个人一等奖、二等奖、三等奖，中山大学代表队荣获团体二等奖，学院实验教学中心张曰理教授、蒋婷婷获“优秀指导教师”称号（见图31）。

图31　我院参赛学生和指导老师于颁奖典礼现场合影

8月29日至9月1日，学院举行2018年迎新系列活动，欢迎2018级本科生124人、研究生117人（见图32、图33）。杨国伟院长、李伯军书记、陈永明副院长、刘芳副书记等院领导参加走访宿舍、迎新大会等活动。

图32　学院院长杨国伟教授在迎新大会上致辞

图33　学院党委书记李伯军在迎新大会上致辞

# 9 月

9 月 1 日，学院“百人计划”引进人才翟文涛教授到岗。

9 月 6 日，学院召开新学期第一次教职工大会，全院教职工参加会议（见图 34）。会上，杨国伟院长介绍当年新引进人才（见图 35），李伯军书记做以《关于以综合绩效奖励改革为核心》为题的讲话，其他院领导就其分管领域汇报学院教学、科研、学工等情况。

图 34　新学期第一次教职工大会现场

图 35　学院院长杨国伟教授发言

图 36　学院领导杨国伟院长（左）、李伯军书记（中）慰问张黎明教授（右）

9 月 7 日，教师节到来之际，杨国伟院长、李伯军书记等院领导前往慰问伍青教授及张黎明教授，致以节日的问候（见图 36）。

9 月 14 日，学院 2018 级新生演唱的军歌《当那一天来临》在新生军歌大赛上荣获比赛优秀奖、二等奖、最佳组织奖三项荣誉（见图 37）。

图 37　2018 级新生在新生军歌大赛上的表演

9 月 25 日，学院“百人计划”引进人才于鹏副教授到岗。

9 月 27 日，学院召开师德师风专题辅导座谈会，近年新引进的 15 名专任教师参加会议，会议由李伯军书记主持。会上，李伯军书记做师德师风专题辅导，强调了教师师德师风规范、研究生培养、科研经费管理、科研诚信等问题（见图 38）。

图 38　师德师风专题辅导座谈会现场

# 10 月

10 月 8 日，李伯军书记为学院 2017 级、2018 级本科生上题为《中国特色的高等教育——浅析加强和改善党对高校的领导》的思想政治理论第一课（见图 39）。

图 39　李伯军书记为学院 2017 级、2018 级本科生讲授思想政治理论第一课现场

10 月 19 日，学院召开党委理论学习中心组学习，集体学习全国教育大会和 2018 年学校秋季工作会议精神。学习由李伯军书记主持（见图 40），院党委理论中心组成员参加，师生党支部书记列席。

图 40　李伯军书记主持党委理论学习中心组学习现场

10 月 22 日，学院“百人计划”引进人才石磊副教授到岗。

10 月 27—28 日，在院党委李伯军书记、刘芳副书记的带领下，学院党委组织全体党员干部、师生党员代表一行 24 人赴井冈山参加党员教育培训活动（见图 41）。

图 41　学院全体党员干部、师生党员代表参加活动合影

10 月 27 日，学院“百人计划”引进人才王苑副教授到岗。

10 月 28 日，黄剑锋、刘书乐分别获得 2018 年中山大学第十届教职工游泳比赛男子乙组 50 米蛙泳第六名和 100 米蛙泳第七名。

## 11 月

11 月 23—25 日，由学院和聚合物复合材料及功能材料教育部重点实验室承办的“凝聚态物理及无机固体功能材料”交叉学科学术论坛会议在广州珀丽酒店举行。会议探讨了超导材料、拓扑材料及能源

材料的前沿研究成果，共有来自国内高校和科研院所的 30 余名专家学者参加（见图 42）。

图 42 “凝聚态物理及无机固体功能材料”交叉学科学术论坛会议与会人员合影

11 月 30 日至 12 月 2 日，由学院和聚合物复合材料及功能材料教育部重点实验室承办的“功能材料与可穿戴电子”多学科交叉论坛会议在广州珀丽酒店举行。共有来自国内高校及科研院所的 30 余名专家学者参加（见图 43）。

图 43 “功能材料与可穿戴电子”多学科交叉论坛会议与会人员合影

11 月 30 日至 12 月 2 日，学院主办的“一维纳米碳材料论坛”在南校园十友堂举行。来自国内各高校的近 20 位专家学者参会并做学术报告，杨国伟院长出席会议（见图 44）。

图 44 “一维纳米碳材料论坛”与会人员合影

## 12 月

12 月 1—2 日，由学院和广州新诚生物科技有限公司联合主办的“生物材料与临床应用”多学科交叉论坛在南校园举行。陈永明副院长主持开幕式并致欢迎词，副校长郃忠智到会表示祝贺。来自高校、科研院所、医院、企业的嘉宾近百人参加会议，围绕生物材料与临床应用等交叉学科进行交流互动（见图 45）。

图 45 “生物材料与临床应用”多学科交叉论坛现场

12 月 8 日，学院分工会组织工会会员前往清远观音山、田野绿世界开展活动。

12 月 11 日，学院“百人计划”引进人才张鹏副教授到岗。

12 月 12 日，学院“百人计划”引进人才周剑副教授到岗。

12 月 14 日，学院“百人计划”引进人才毕冬勤教授到岗。

12 月 15—16 日，学院在珠海校区伍舜德国际学术交流中心召开 2018 年发展规划研讨会（见图 46），学院领导班子及教职工 80 余人参加会议，李伯军书记主持会议（图 47）。15 日上午，杨国伟院长做学院学科建设情况汇报，李伯军书记传达 2018 年学校秋季工作会议精神并解读学院综合绩效奖励实施细则，陈永明副院长做 2018 年度国家自然科学基金申报分析及 2019 年度国家自然科学基金申请动员与辅导；15 日下午，围绕“院系办校”问题，教职工展开分组研讨，王成新副院长和刘芳副书记做“关于人才培养（第一课堂及第二课堂）”汇报（见图 48）。

图 46　学院 2018 年发展规划研讨会现场

图 47　李伯军书记主持会议

图 48　“院系办校”问题教职工研讨现场

12 月 21 日，校党委书记陈春声一行到学院开展党建调研工作（见图 49、图 50）。学校职能部处负责人陪同调研，院党政班子成员、

图 49 陈春声书记做总结发言

教工支部书记、教师代表参加调研。会上，李伯军书记汇报学院党建工作情况，杨国伟院长报告学院学科建设现状及对“院系办校”模式改革的意见建议。参会人员进行深入交流。陈春声书记做总结发言，肯定了学院建设取得的成效并提出工作寄望。

图 50 党建调研工作会议与会人员合影

12 月 22—23 日，学院承办的中山大学第七届国际青年学者论坛暨 2018 年度中山大学国际青年学者深圳论坛材料科学与工程学院分

图 51　宣誓现场

论坛于广州校区南校园岭南堂举行，邀请了6名来自国内外的优秀青年学者参加，分别做学术报告，分享研究成果，杨国伟院长主持论坛。

12月26日，学院在南校园贺丹青堂召开全体党员大会暨党支部书记述职考核会，刘芳副书记主持会议。会上，预备党员集体宣誓（见图51），党支部书记进行2018年度履职汇报（见图52）。李伯军做总结发言。

图 52　全体党员大会暨党支部书记述职考核会现场

12月31日，学院分工会对全体工会会员进行春节及生日慰问。

# 2019年

# 1 月

1 月 10 日，学院专职科研系列人员刘定心博士转聘为副教授，为学院首名转聘为副教授的专职研究人员（含博士后）（见图 1）。

1 月 19 日，学院教师第一党支部和教师第二党支部组织党员前往深圳参观“大潮起珠江——广东改革开放四十周年展”。

1 月 26 日，刘军民、柯卓锋由副教授晋升为教授。

图 1　刘定心副教授近照（刘定心副教授供图）

# 2 月

2 月 21 日，学院“百人计划”引进人才石毅副教授到岗。

2 月 22 日，学院召开新学期全体教职工大会，院领导班子成员及全体教职工参加（见图 2）。李伯军书记传达学校 2019 年重点工作布置会议精神，王成新副院长、陈永明副院长、刘芳副书记、高海洋院长助理就各自分管领域做工作报告，分工会包定华主席汇报了工会开展工作情况，杨国伟院长做总结发言（见图 3）。

图 2　新学期全体教职工大会会议现场

图 3　杨国伟院长做总结发言

2月22日，学院召开全体教职工党员大会，李伯军书记主持会议，并传达党员学习“学习强国”App情况、学校2019年党建重点工作（见图4）。

图 4　李伯军书记在全体教职工党员大会上传达学校2019年党建重点工作

# 3 月

3 月 21 日，学院在南校园学人馆召开 2018 年度材料科学与工程学科建设评估工作会议，邀请国内外材料科学与工程学科排名领先单位的部分专家参加。陈永明副院长对学院学科情况进行汇报，与会专家进行了讨论并提出建议。

3 月 21—23 日，由学院、孙逸仙纪念医院、化学学院、聚合物复合材料及功能材料教育部重点实验室、广东省功能生物医用材料工程技术研究中心、广东省化学会、*Biomaterials* 期刊等单位共同承办的第三届转化纳米医学国际学术研讨会在南校园举行（见图 5），肖海鹏副校长出席开幕式并致辞（见图 6）。会议以“药物输送、纳米医学、纳米疫苗和再生医学”为主题，邀请了东京大学、美国生物医学工程院院士 Kazunori Kataoka 教授，国家纳米科学中心、中国科学院院士赵宇亮教授，哈佛大学 Omid Farokhzad 教授，得克萨斯大学 Kirk S. Schanze 教授，墨尔本大学 Frank Caruso 教授等 5 位国际著名科

图 5　第三届转化纳米医学国际学术研讨会会议现场

图 6　中山大学副校长肖海鹏教授出席开幕式并致辞

学家做大会特邀报告，16 位国内外著名学者和 15 位优秀青年学者做邀请报告，并进行墙报交流（见图 7）。

图 7　我院陈永明教授（右一）出席“纳米医学优秀墙报奖”颁奖现场

3 月 26 日，李伯军书记以《忠诚、干净、担当》为题，在东校园公教楼为学生讲授第一堂思想政治理论课（见图 8）。

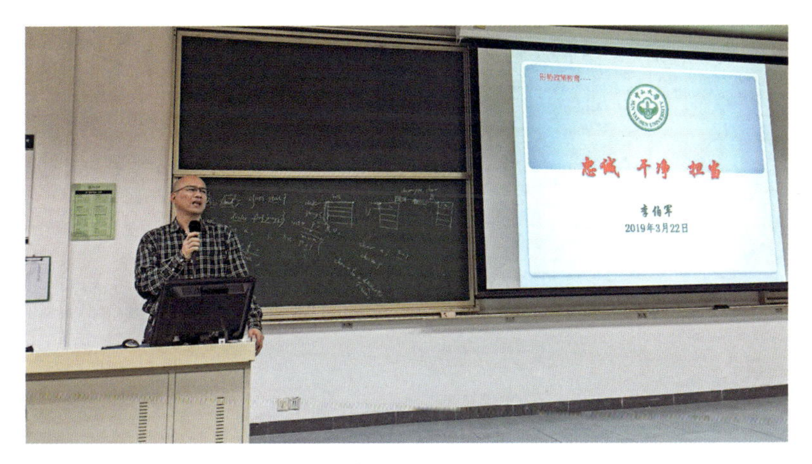


图 8　李伯军书记授课中

图 9　杨国伟院长授课现场

3 月 29 日，杨国伟院长在东校园公教楼为学院 118 名 2018 级本科生讲授了本学期第一堂思想政治理论课（见图 9）。

3 月 30 日，学院分工会组织教职工前往从化四季果园和石门国家森林公园春游（见图 10）。

图 10　学院教职工出游合影

# 4 月

4 月 18 日，陈清林教授、张冰剑教授、杜建伟副教授、何畅副教授从化学工程与技术学院调入学院工作。

# 5 月

5 月 5 日，学院专职科研系列人员刘志佳博士转聘为副教授。

5 月 14 日，学院在南校园贺丹青堂召开全体党员大会（见图 11），增补选举学院党委委员并传达学习学校 2019 年春季工作会议精神。共 143 名党员参加会议，刘芳副书记主持会议（见图 12）。大会选举增补了中共材料科学与工程学院委员会委员 1 名，刘勇同志当选。

图 11　学院全体党员大会现场

图 12　刘芳副书记主持学院党员大会

5月16日，学院于南校园十友堂召开以“立德树人与师德师风”为主题的青年教师座谈会（见图13），杨国伟院长主持会议，新引进的21位青年教师参加会议。李伯军书记传达了2019年学校春季工作会议精神，杨国伟就青年教师的教学与科研工作进行发言。

图13　青年教师座谈会现场

# 6月

6月2月，学院于南校园学人馆举行2019年中山大学国际青年学者珠海论坛材料科学与工程分论坛，邀请来自国内外高校及研究机构的6名优秀青年学者参加，围绕学术前沿问题展开讨论（见图14、图15）。

6月6日，材料科学与工程学院拍摄2019届研究生毕业合影（见图16）。

图 14　2019 年中山大学国际青年学者珠海论坛材料科学与工程分论坛讨论现场

图 15　2019 年中山大学国际青年学者珠海论坛材料科学与工程分论坛与会人员合影

图16　中山大学材料科学与工程学院2019届研究生毕业合影（摄于2019年6月6日）

6月13日，孙冬柏常务副校长一行到学院进行工作调研，相关职能部门负责人陪同调研（见图17、图18）。院领导班子成员、教师代表参加调研。会议在南校园十友堂举行。会上，杨国伟院长做学院学科建设汇报，陈清林教授、张冰剑教授汇报“石化产品工程与系统节能国家地方联合工程研究中心”建设方案（见图19），周剑副教授做

图17　工作调研会汇报现场

图18　孙冬柏常务副校长听取报告

“柔性电子国际研究院”筹建工作报告。

图 19　陈清林教授、张冰剑教授汇报建设方案

6月24日，学院“百人计划”引进人才郭双壮副教授到岗。

6 月 25 日，学院在南校园怀士堂举行 2019 届研究生毕业典礼暨 2019 年学位授予仪式（见图 20）。学院领导班子成员、研究生教育与学位专门委员会委员、导师代表、2019 届研究生毕业生及亲友参加仪式，李伯军书记主持仪式（见图 21）。仪式上，李伯军书记宣读中山大学学位评定委员会授

图 20　2019 届研究生毕业典礼暨 2019 年学位授予仪式现场

予博士、硕士学位的决定文件，杨国伟院长逐一为2019届研究生毕业生授予学位，导师代表包定华教授做毕业寄语，毕业生代表严佳豪做发言。会后，师生一起合影留念（见图22）。

图21　李伯军书记主持仪式

图22　2019届研究生与导师代表合影

# 7 月

7 月 13—16 日，学院党委组织师生党员干部、党员代表共 9 人赴福建古田干部学院开展党性教育培训，党委委员、院长助理高海洋同志在开班仪式上致辞（见图 23、图 24）。

图 23　师生党员干部、党员代表于福建古田干部学院合影

7 月 15—19 日，学院在南校园举办 2019 年优秀大学生夏令营，吸引来自全国“985 工程”“211 工程”院校的 100 余名材料相关专业学生参加。16 日上午，开营仪式在南校园十友堂举行，李伯军书记致欢迎辞（见图 25），王成新副院长介绍学院整体情况及招生政策，学科负责人介绍学科专业情况。夏令营组织了科研实验室参观、导师交流会、推免生面试等活动（见图 26）。

图 24　党性教育培训班开班仪式现场

图 25　2019 年优秀大学生夏令营开营仪式现场

图 26　2019 年优秀大学生夏令营师生合影

7 月 29 日，学院专职科研系列人员杨功政博士转聘为副教授。

7 月 30 日，中山大学党委经研究决定，任命黄旭俊同志任材料科学与工程学院党委委员、副书记（见图 27、图 28）。

# 中共中山大学委员会文件

中大党组发〔2019〕49 号

## 中共中山大学委员会
## 关于王昕等同志任职的通知

各二级党委（党总支）、直属党支部、党工委，校党群机关各部门：

经研究决定：

王昕同志任物理与天文学院党总支委员、副书记；

李燕同志任艺术学院直属党支部委员、副书记；

何慈欣同志任法学院党委委员、副书记；

余伯俊同志任大气科学学院党委委员、副书记；

陈晓南同志任生物医学工程学院党总支委员、副书记；

周剑芬同志任数学学院（珠海）党总支委员、副书记；

黄旭俊同志任材料科学与工程学院党委委员、副书记；

廖喜扬同志任海洋科学学院党委委员、副书记。

图 27 《中共中山大学委员会关于王昕等同志任职的通知》（a）

中共中山大学委员会
2019年7月22日

中山大学党委办公室　　主动公开　　2019年7月30日印发

图28　《中共中山大学委员会关于王昕等同志任职的通知》（b）

# 8 月

8 月 1 日，学院“百人计划”引进人才付俊教授到岗。

8 月 5—6 日，由学院、聚合物复合材料及功能材料教育部重点实验室、广东省化学会共同承办的第五届中－澳高分子学术研讨会（CAPM-5）在南校园丰盛堂举行（见图 29），我院副院长陈永明教授担任会议主席。会议邀请国内外著名研究机构 28 名专家学者参加并做学术报告。

图 29　第五届中－澳高分子学术研讨会与会人员合影

8 月 16 日，国家自然科学基金委员会公布了 2019 年度国家自然科学基金项目申请集中接收期间的评审结果，我院获资助项目 26 项，其中，重点项目 1 项、优秀青年科学基金项目 1 项、面上基金项目 14 项、青年科学基金项目 9 项。

# 9 月

图 30　李伯军书记为我院本科生讲授思想政治理论第一课现场

9 月 20 日，李伯军书记在东校园为我院百余名本科生讲授思想政治理论第一课（见图 30）。

9 月 23 日，杨国伟院长在南校园文科楼以“不忘初心，牢记使命，做合格的社会主义接班人”为主题，为我院 2019 级研究生新生讲授思想政治理论第一课（见图 31）。

图 31　杨国伟院长授课中

9 月 25 日，学院在南校园十友堂 300 室召开全院教职工大会，传达“不忘初心、牢记使命”主题教育工作精神，杨国伟院长主持会议。会上，李伯军书记做主题教育工作精神传达及工作布置（见图 32）。

9 月 25 日，学院于南校园十友堂 300 室召开全院教职工大会，传达学校 2019 年秋季工作会议精神，杨国伟院长主持会议（见图 33）。会上，李伯军书记传达了罗俊校长“坚持‘三个面向’引领，提升‘三大建设’水平，加快建设中国特色世界一流大学”的主题报告精神，并开展师德建设主题教育及安全教育。

图 32　李伯军书记做主题教育工作精神传达

图 33　杨国伟院长主持会议

9 月 25 日，我院博士研究生尧创业获中日铁电材料及其应用会议最佳张贴报告奖（见图 34）。

图 34　博士研究生尧创业的获奖证书

图 35 黄旭俊副书记主持全体党员大会暨“不忘初心 牢记使命”主题教育动员会

9月28日，学院在南校园贺丹青堂召开全体党员大会暨“不忘初心 牢记使命”主题教育动员会，校巡回指导十组副组长李燕及成员罗干坤、侯雪莹出席，全院师生党员200余人参加会议，黄旭俊副书记主持会议（见图35）。李伯军书记就主题教育进行动员和工作布置，李燕组长做指导发言。

## 10月

10月12日，学院党委理论学习中心组在南校园十友堂举行“不忘初心 牢记使命”主题教育第一次集中学习研讨，学院党委理论学习中心组成员参加学习，巡回指导十组罗燕组长、李燕副组长列席指导（见图36）。

图 36 “不忘初心 牢记使命”主题教育第一次集中学习研讨会现场

10月10—14日，学院领导班子成员分别召开人才培养工作、意识形态工作、基层党支部建设、学院育人环境及教师队伍建设四场专题调研座谈会，查找学院上述领域存在的突出问题（见图37、图38、图39、图40）。

图37　基层党支部建设专题研讨会现场

图38　学院育人环境及教师队伍建设主题研讨会现场

图39　人才培养工作主题研讨会现场

图 40　意识形态工作主题研讨会现场

10 月 12 日，学院学生第三党支部组织“不忘初心　牢记使命”主题教育志愿服务活动，跟随街道工作人员前往海珠区国安大厦进行入户宣传垃圾分类和“楼层撤桶”活动（见图 41）。

10 月 19 日，学院党委副书记黄旭俊于东校园东教楼为学生党员讲授“不忘初心　牢记使命”主题教育专题党课（见图 42）。

图 41　学生第三党支部志愿活动合影

图 42　黄旭俊副书记授课现场

10 月 19 日，学院举行广东省材料创新大赛参赛经验分享会（见图 43）。黄旭俊副书记、张建勇教授及往届参赛获奖队伍代表程庚、王舒、蔡泽帆参加，为参加第九届广东省材料创新大赛的队伍做培训指导。

图 43　经验分享会与会人员合影

10 月 25 日，学院行政党支部开展“我和我的祖国”主题党日活动，在李伯军书记、黄旭俊副书记的带领下，行政党支部党员前往中共三大会址纪念馆参观学习，了解中国共产党的发展历史，寻觅共产党人的初心和使命（见图 44）。

图 44　行政党支部党员合影

10月25日，学院学生第五党支部组织党员参加海珠区青年志愿者协会组织的素社街道垃圾分类入户宣传志愿者活动（见图45）。

图45　学生第五党支部志愿活动合影

10月26日，学院研究生第四党支部前往凤阳街道活动中心参与送爱心午餐活动，关爱独居老人。

图46　学院领导班子成员“不忘初心　牢记使命”主题教育调查研究成果交流会现场

10月27日，清华大学杨万泰院士受我院邀请于南校园丰盛堂芙兰讲学厅做题为《问题导向——高分子化学风雨四十年》的讲座，学院副院长陈永明教授主持讲座。

10月28日，学院在南校园十友堂召开

领导班子成员“不忘初心　牢记使命”主题教育调查研究成果交流会（见图 46）。学校主题教育巡回指导十组李燕副组长到场指导，院党政领导班子、教师党支部书记参加会议。会上，李伯军书记通报院领导班子成员调查研究情况，与会人员围绕四个调研主题依次交流调查研究成果。

10 月 28 日，学院“百人计划”引进人才周业成副教授到岗。

# 11 月

11 月 2 日，学校 2019 年运动会在广州校区南校园英东田径场举行。学院组织师生 130 余人积极参与环校长跑和运动会，奋勇拼搏，展现了学院健康向上的精神风貌（见图 47）。

图 47　学院参与学校 2019 年运动会的师生合影

11 月 2 日，学院参与承办的“重反应味道”学术交流活动——高分子精准合成研讨会在南校园丰盛堂举办。副院长陈永明教授主持会议，来自 10 余所大学和研究机构的 22 名有机合成和高分子化学学者与会，进行学术交流报告（见图 48）。

图 48 “重反应味道”学术交流活动——高分子精准合成研讨会与会人员合影

图 49 领导班子成员对照党章党规找差距专题会议现场

11 月 4 日，学院在南校园十友堂召开“不忘初心 牢记使命”主题教育领导班子成员对照党章党规找差距专题会议（见图 49）。党政领导班子成员参加会议，学校第十巡回指导组成员罗干坤到会指导。会议由学院党委书记李伯军同志主持。李伯军书记代表领导班子对照党章党规找差距，查找存在的问题，党员领导班子成员分别做个人找差距汇报。

11 月 5 日，学院在东校园工学院 C401 室开展第一期“师生午餐会”活动（见图 50）。黄旭俊副书记，班主任柯卓锋教授，青年教师辅导员郭双壮副教授，专职辅导员曹波，以及 2016 级高分子班学生代表参加活动。

图 50　“师生午餐会”活动现场

11 月 7 日，学院在南校园生物楼 124 讲学厅举办“不忘初心　牢记使命”主题教育专题党课，学校第十巡回指导组李燕副组长到会指导，我院全体党员参加，黄旭俊副书记主持会议。李伯军同志做题为《践行立德树人的培养体系、构建学院风清气正的育人环境》的专题党课（见图 51）。

图 51　主题教育专题党课现场

11 月 9—10 日，学院与中山眼科中心联合策划的“眼科生物材料与临床转化”多学科交叉论坛在中山眼科中心珠江新城院区举行（见图 52）。此次论坛邀请国内外眼科行业的知名专家，生物医用材料领域的优秀学者，学校各相关学科、临床及从事基础研究的科研人员，企业界代表等参加。副院长陈永明教授主持研讨会开幕式，并致欢迎词。

图 52 “眼科生物材料与临床转化”多学科交叉论坛与会人员合影

11 月 9 日，中央电视台纪录频道播出了介绍我国顶尖科学家的重要成果的大型系列纪录片《科学的力量》第八集《未来将至》，重点介绍了我院付俊教授在关节相关医用高分子材料方面的研究成果，并展望未来的发展趋势（见图 53）。

图 53 在纪录片中接受采访的付俊教授

11 月 18 日，中国科学院化学研究所、苏州大学李永舫院士在南校园丰盛堂做题为《天道酬勤——我的人生感悟兼谈聚合物太阳电池最新研究进展》的讲座，讲座由学院参与主办，陈永明副院长主持，学生科技创新中心承办（见图 54）。

图 54　李永舫院士做讲座

11 月 23 日，我院参与举办的“2019 年中山大学柔性电子与生物器件逸仙论坛”在南校园举行。此次论坛邀请了来自新加坡南洋理工大学、美国斯坦福大学、日本理化学研究所等高校和科研院所的优秀专家学者及科研人员参加（见图 55）。杨国伟院长为论坛致开幕辞。

图 55　“2019 年中山大学柔性电子与生物器件逸仙论坛”与会人员合影

11 月 29 日，广东省石化过程节能工程技术研究中心 2019 年第二届石化能量系统优化技术及应用专题研讨会在广州南国会国际会议中心召开。来自高校、研究机构和企业的专家、学生 60 余人参加（见图 56）。研究中心主任陈清林教授主持会议。15 位专家学者做特邀报告，并围绕能量系统优化技术及工程应用、过程强化、化工材料领域面临的挑战和难题进行学术探讨。

图 56　2019 年第二届石化能量系统优化技术及应用专题研讨会与会人员合影

11 月 29 日，我院联合举办的“中山大学高分子材料科学及应用技术交流会逸仙论坛”在南校园芙兰学术中心举行。此次论坛邀请了来自高分子领域的高校及企业专家学者参加（见图 57）。院长助理高海洋教授致开幕辞。

图 57　“中山大学高分子材料科学及应用技术交流会逸仙论坛”与会人员合影

# 12 月

12 月 1 日，学院召开 2019 年度领导班子“不忘初心　牢记使命”专题民主生活会，学校主题教育第十巡回组罗燕组长出席会议，院党政班子成员参加（见图 58）。会上，李伯军书记代表领导班子通报了上一年

图 58　2019 年度领导班子“不忘初心　牢记使命”专题民主生活会现场

图 59　教职工党员合影

度领导班子民主生活会整改落实情况，并汇报了今年专题民主生活会的查摆问题及整改措施。党员领导班子成员分别做对照检查发言并开展批评与自我批评。

12 月 14 日，学院党委组织教职工党员前往从化宣星村云台山战役遗址参观学习，结合“不忘初心　牢记使命”主题教育，帮助教职工党员铭记历史，坚定理想信念，提升党性修养（见图 59）。

12 月 25 日，学院在南校园十友堂 300 室召开全院教职工大会，学院分工会主席包定华教授主持会议，院党政领导班子及教职工参加会议。会上，领导班子成员对各自分管领域过去一年的工作进行回顾和总结（见图 60、图 61），并为班主任颁发聘书（见图 62）。

图 60　李伯军书记做总结报告

图 61　杨国伟院长做总结报告

图 62　杨国伟院长为班主任颁发聘书

12 月 28 日，2019 年中山大学国际青年学者深圳论坛材料科学与工程分论坛在南校园举行。分论坛由我院杨国伟院长主持，邀请了来自美国、英国、德国、加拿大、澳大利亚、日本、新加坡等海内外知名高校及研究机构的 10 位青年学者参加并做学术报告（见图 63）。陈水明副院长、包定华教授及相关学科专家参加会议。

图 63　2019 年中山大学国际青年学者深圳论坛材料科学与工程分论坛与会人员参观东校园化学材料综合楼

# 2020年

# 1 月

1 月 4 日，学院“百人计划”引进人才黄汉初副教授到岗。

1 月 14 日，学院在南校园生物楼 124 室召开“不忘初心　牢记使命”主题教育总结大会，总结学院开展主题教育的主要做法和取得的成效，并对进一步巩固主题教育成效、推动各项工作做出安排。学校主题教育第十巡回指导组成员罗干坤参会（见图 1）。我院师生党员参加了会议（见图 2），会议由院党委副书记黄旭俊主持。大会上，李伯军书记代表学院党委做主题教育总结报告（见图 3）。

图 1　第十巡回指导组罗干坤同志讲话

图 2　学院主题教育总结大会现场

图 3　李伯军书记做主题教育总结报告

# 2 月

2 月 7 日，专职科研系列人员黄世琳博士、赵娟博士转聘为我院副教授。

2 月 27 日，学院“百人计划”引进人才舒逸聃副教授到岗。

# 3 月

3 月 2 日，学院“百人计划”引进人才石铠源副教授到岗。

# 4 月

图 4　金崇君教授开展宣讲

4 月 28—30 日，根据学校浙江招生宣传组的安排，金崇君教授赴浙江省台州市第一中学、杜桥中学等高中开展题为《立大志　做大事——2021 年浙江学子选择中大》的招生宣讲讲座（见图 4）。

# 5月

5月13日，学院在东校园化学材料综合楼C213室召开学生工作专题研讨会，党委书记李伯军、青年教师专职辅导员、专职科研兼职辅导员、班主任和团委书记参会，黄旭俊副书记主持会议（见图5）。

图5　学生工作专题研讨会会议现场

5月14日，学院专职科研系列人员孙勇博士转聘为副教授。

# 6月

6月18日，学院在南校园十友堂300室召开全院教职工大会，传达学习学校2020年春季工作会议精神，百余名教职工参加会议（见图6），会议由院长杨国伟教授主持。李伯军书记传达了罗俊校长题为《完善大学治理体系　共商内涵发展规划——推进一流大学建设行稳致远》的主题报告精神（见图7），杨国伟院长围绕学院如何编制“十四五”规划阐述了设想（见图8）。王成新副院长、黄旭俊副书记、院长助理高海洋分别就本学期教学工作、学生工作、科研和实验室安全建设工作进行了通报和布置。

图 6　教职工大会现场

图 7　李伯军书记传达学校 2020 年春季工作会议精神

图 8　杨国伟院长对“十四五”规划进行具体规划部署

# 7 月

7 月 1 日，中山大学庆祝中国共产党成立 99 周年暨“七一”表彰大会在南校园梁銶琚堂隆重召开，我院教师党员代表 10 人参加大会（见图 9）。

此次表彰大会我院获奖情况如下。

先进党支部：行政党支部。

优秀党务工作者：李伯军。

优秀共产党员（按姓氏笔画排序）：石毅、刘政、陈泽桐、何静波、欧阳红群、葛思洁。

图 9　我院石毅副教授（左四）代表学院接受表彰

7月15日，乔正平教授由化学学院调入学院工作。

7月，学院制作2020届毕业生跨时空大合影（见图10）。

图10　中山大学材料科学与工程学院2020届毕业生大合照

## 8月

8月3日，学院专职科研系列人员黄盛博士转聘为副教授。

8月23—25日，在李伯军书记、黄旭俊副书记的带领下，学院党政管理人员从南校园办公点搬迁至东校园化学材料综合楼（见图11、图12、图13）。

图 11　南校园办公点搬迁前

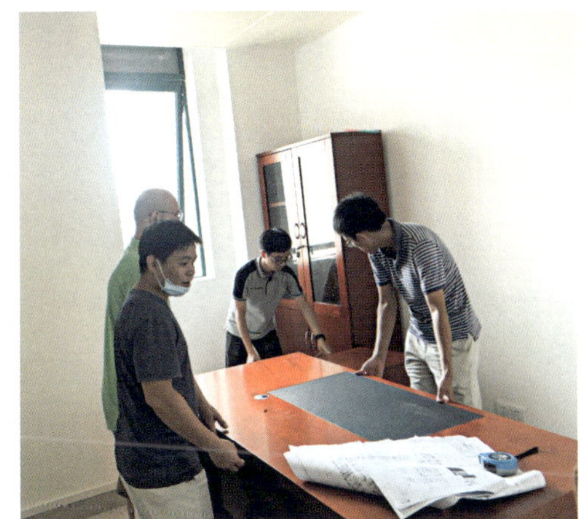

图 12　李伯军书记（左二）与黄旭俊副书记（左三）指导搬迁

图 13　学院党政管理人员在新大楼办公室留影（右起：朱蕾、董秋娉、黄艳月、梁苑蓝、曹波）

# 9月

9月10日，学院迎来224位2020级新生，其中，本科生82人、硕士生93人、博士生49人。这是学院正式搬迁入驻东校园化学材料综合楼后迎来的第一批新生，为学院未来的发展壮大带来了新鲜血液和青春活力（见图14）。

图14　部分迎新工作人员合影留念

9月11日，学院在东校园化学材料综合楼三楼报告厅召开2020级迎新大会。院长杨国伟教授，院党委李伯军书记，副院长王成新教授、陈永明教授，分工会主席包定华教授，院长助理宋树芹教授、高海洋教授，各教研室负责人，2020级本科班主任及辅导员出席，新报到的224位本科及研究生新生参加（见图15）。会议由学院党委黄旭俊副书记主持。李伯军书记为迎新大会致辞（见图 16），杨国伟院长介绍学院总体情况（见图 17）。

图 15　参会人员齐唱中山大学校歌

图 16　李伯军书记为迎新大会致辞

图 17　杨国伟院长介绍学院情况

9 月 18 日，学院在东校园化学材料综合楼 C244 室召开 2020 年秋季学期青年教师座谈会。李伯军书记主持会议，黄旭俊副书记、新引进的青年教师及专职科研、博士后代表等参加。与会人员共同观看了廉政微电影，并开展师德师风座谈（见图 18）。

图 18　与会教师集体观看廉政微电影

9 月 24 日，学院党委书记李伯军以“中大精神与新时代青年的责任担当”为主题，在东校园化学材料综合楼三楼报告厅为 2020 级本科新生讲授思想政治理论课（见图 19）。

图 19　李伯军书记为 2020 级本科新生讲授思想政治理论课

# 10 月

图 20　杨国伟院长为 2020 级研究生讲授思想政治理论课

10 月 8 日，学院院长杨国伟教授以“不负青春、不负韶华、不负时代”为主题，在东校园化学材料综合楼 B336 室为 2020 级研究生新生讲授思想政治理论课（见图 20）。

图 21　获奖学生与指导老师合影留念

10 月 9—14 日，由教育部高等学校材料类专业教学指导委员会主办、太原理工大学承办的“徕卡杯”第九届全国大学生金相技能大赛在山西太原举行。来自全国 290 所高校的 873 名参赛选手及近 600 名指导教师参加了本届大赛。经过两轮复赛和一轮决赛的激烈角逐，学院张云婷荣获一等奖，陆涵天、叶欣荣获二等奖，中山大学参赛队荣获团体二等奖（见图 21、图 22）。

图 22　获奖奖状和证书

10 月 12 日，学院“百人计划”引进人才朱剑副教授到岗。

10 月 18 日，学院教师第二党支部进行了主题为“缅怀先烈，重温入党誓词”的活动，组织支部成员到广州起义烈士陵园参观学习（见图 23）。

10 月 26 日，校党委第八巡察组巡察学院党委工作动员会在东校园召开。会前，学校巡察办副主任戴红晖同志主持召开与我院党政主要负责人的见面沟通会；学校党委副书记国亚萍同志，巡察组组长、副组长与

图 23　教师第二党支部成员缅怀先烈

我院主要党政负责人举行了见面沟通会，传达了学校党委对本次巡察的工作要求。动员会上，学校党委第八巡察组组长郝雅娟同志做巡察工作动员讲话，学校党委副书记国亚萍同志就共同做好巡察工作提出要求，我院党委书记李伯军同志做表态发言（见图24），杨国伟院长进行动员发言（见图25）。李伯军同志主持会议；纪委副书记、纪委办公室主任、监察处处长吴长征同志，校党委第八巡察组全体成员及学院领导班子成员、党委委员、系所负责人、学科带头人、党支部书记、师生代表等50人参加会议（见图26）。

图24　党委书记李伯军同志做表态发言

图25　学院杨国伟院长进行动员发言

图26　学校党委第八巡察组巡察材料科学与工程学院党委工作动员会现场

# 11 月

11 月 5 日，学院在东校园化学材料综合楼举行学生职业发展座谈会。学院党委副书记黄旭俊、青年教师辅导员周业成、吴同飞副教授，以及来自新励成口才培训的老师、金发科技和保利物业的校友等嘉宾出席。团委书记曹波主持座谈会，我院近百位 2021 届毕业生参加。黄旭俊副书记做职业发展规划和应聘准备分享（见图 27），与会人员与特邀嘉宾开展深入交流（见图 28）。

图 27　黄旭俊副书记致辞并分享经验

图 28　学生职业发展座谈会与会人员与特邀嘉宾合影留念（左起：黄旭俊副书记、詹欣成老师、苏榆钧校友、惠蒙飞校友）

11 月 21 日，学院党员教育培训暨学生马克思主义学习小组开班仪式在广东省清远市佛冈县石角镇黄花村顺利举行。院党委书记李伯军，副书记黄旭俊，党委委员宋树芹教授、刘勇教授，师生党员及学

生马克思主义学习小组成员 80 余人一同参加活动（见图 29）。李伯军书记在学生马克思主义学习小组开班仪式上做动员讲话，黄旭俊副书记介绍具体要求。师生党员前往红色革命教育基地、扶贫基地开展现场学习培训（见图 30、图 31、图 32）。

图 29　党委委员、学生马克思主义学习小组成员代表合影留念

图 30　李伯军书记带领学院师生党员重温入党誓词

图 31　全体师生在存久洞红色革命教育基地合影留念

图 32　全体师生在连樟村合影留念

11 月 27 日，学院“百人计划”引进人才田非教授到岗。

# 12 月

12 月 3 日，学院“百人计划”引进人才张振助理教授到岗。

12 月 12—13 日，学院在珠海校区伍舜德国际学术交流中心召开学院全体教职工大会暨“十四五”规划与团队建设专题研讨会（见图 33）。此次会议传达学习 2020 年学校秋季工作会议精神并结合会议精神深入研讨学院“十四五”规划，百余名教职工参加，由学院分工会主席包定华教授主持。会上，李伯军书记传达了罗俊校长题为《明确新目标，把握新机遇，开启一流大学建设新征程》的主题报告精神，校党委陈春声书记的总结讲话精神，以及校党委副书记、纪委书记林东伟所做专题党风廉政建设报告的内容（见图 34）。杨国伟院长介绍了学院“十四五”规划编制相关情况（见图 35）。

图 33　学院全体教职工大会暨“十四五”规划与团队建设专题研讨会与会人员合影

图 34　李伯军书记传达学校 2020 年秋季工作会议精神

图 35　杨国伟院长介绍学院“十四五”规划编制情况

12 月 22 日，孙冬柏教授调入学院工作。

12 月 27 日，学院承办的第十一届国际青年学者论坛材料科学与工程分论坛在南校园学人馆举行。分论坛由学院杨国伟院长主持，来自美国、德国、法国、中国等海内外知名高校及研究机构的 7 位青年学者应邀参加，并做精彩学术报告（见图 36、图 37）。我院相关学科专家参加了会议。

图 36　分论坛现场——学者线上报告

图 37　分论坛现场——学者线下汇报

12 月 31 日，学院“百人计划”引进人才姚健东副教授到岗。

# 2021年

# 1 月

1 月 5 日，学院“百人计划”引进人才邹逸超副教授到岗。

1 月 14 日，学院在东校园召开 2020 年度中层党员领导干部民主生活会（见图 1）。学校督导组成员谷晓丰、郭兴勇列席指导。学院党委书记李伯军、副书记黄旭俊参加会议，院长杨国伟教授、副院长陈永明教授、党委委员高海洋教授、宋树芹教授、刘勇教授列席会议。会议由李伯军书记主持。会上，李伯军书记代表学院领导班子通报了上一年度专题民主生活会整改落实情况，并对今年民主生活会的查摆问题及整改措施进行汇报，两名党员领导干部分别做对照检查发言。

图 1　2020 年度中层党员领导干部民主生活会现场

1 月 19 日，学院“百人计划”引进人才曾志平副教授到岗。

# 2 月

2月5日，雷宏香、刘利新副教授晋升为教授。

2月8日，学院在东校园化学材料综合楼举行寒假留校学生春节慰问活动（见图2）。院党委副书记黄旭俊、青年教师及辅导员雷丹妮副教授、周业成副教授和团委书记曹波与留校学生代表参加茶话会。

图2 寒假留校学生春节慰问活动合影

# 3 月

3月5日，中山大学党委第八巡察组巡察材料科学与工程学院情况反馈会在东校园化学材料综合楼B625室召开（见图3）。学校党委巡察工作办公室副主

图3 中山大学党委第八巡察组巡察材料科学与工程学院情况反馈会现场

任戴红晖，第八巡察组副组长彭志刚、王丽霞及我院党政领导班子成员、党支部书记、教职工代表等50余人参加。会议由李伯军书记主持。会前，校领导、巡察组组长、副组长及巡察工作办公室负责同志先向学院党政主要负责人进行个别反馈。反馈大会上，校党委第八巡察组组长郝雅娟同志宣读了《关于巡察材料科学与工程学院党委的反馈意见》，学院党委副书记国亚萍对我院党委的巡察整改落实工作提出了具体要求，院党委书记李伯军做表态发言。

3月24日，学院教师第二党支部在学院大楼C213室举行主题为“学史力行，科技报国”的党史知识小考和竞赛党建活动（见图4）。学院党委委员高海洋教授担任评委。

图4 教师第二党支部党史知识小考和竞赛党建活动合影

3月26日，学院举办考研复试经验交流会，邀请本院7位在读研究生给考研学生做经验分享。青年教师辅导员吴同飞主持交流会（见图5），学院党委副书记黄旭俊到会指导（见图6）。

图5 青年教师辅导员吴同飞副教授介绍考研情况

图 6　黄旭俊副书记进行考研复试指导

# 4 月

4 月 2 日，学院在东校园化学材料综合楼 B301 报告厅召开春季全院教职工大会暨人才培养专题工作会议。学院教职工、学生干部代表等 200 余人参加大会。会议由杨国伟院长主持。会上，院党委李伯军书记带领与会人员一同学习学校 2021 年春季工作会议精神（见图 7），黄旭俊副书记以《2021 年学院人才

图 7　李伯军书记传达学校 2021 年春季工作会议精神

培养思路与举措》为题进行人才培养专题报告，王成新副院长做人才培养专题报告，杨国伟院长做大会总结（见图 8）。

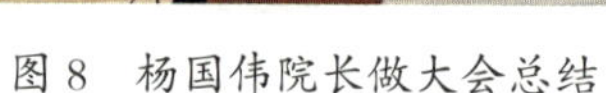
图 8　杨国伟院长做大会总结

图 9　党委书记李伯军做党史学习教育动员讲话

4 月 2 日，学院在东校园化学材料综合楼 B301 报告厅召开党史学习教育动员大会，对全院开展党史学习教育进行动员部署，全院 240 余名党员参加大会。院党委书记李伯军做动员讲话（见图 9），校党史学习教育巡回指导八组副组长李燕列席大会并讲话。

图 10　贺竹梅教授做报告

4 月 2 日，学院在东校园化学材料综合楼 B301 报告厅举办人才培养专题讲座，邀请生命科学学院贺竹梅教授做题为《用心教学，做好中坚力量》的专题报告（见图 10）。学院逾 50 名专任教师参加。

4 月 8 日，学院党委李伯军书记为 2017 级和 2018 级本科生讲授思想政治理论课（见图 11），主题是“光辉的历程——中国共产党百年华诞”。

图 11　李伯军书记思想政治理论课授课现场

4 月 9 日，学院杨国伟院长为 2017 级和 2018 级研究生讲授思想政治理论课（见图 12），主题是“光辉的历程——中国共产党百年华诞”。

图 12　杨国伟院长为研究生讲授思想政治理论课

4 月 13 日，学院邀请中国科学院大学温州研究院和珠海视熙科技有限公司的嘉宾开展职业发展交流（见图 13）。黄旭俊副书记主持会议。会上，中国科学院大学温州研究院的嘉宾介绍了中国科学院大学温州研究院的现状、师资力量及人才需求等情况，珠海视熙科技有限公司的嘉宾介绍了珠海视熙科技有限公司的发展历程及人才策略等信息。

图 13　会议嘉宾与师生合影留念

4 月 15 日，学院党委副书记黄旭俊及青年教师辅导员走访研究生工作室及宿舍，排查安全隐患（见图 14）。

图 14　黄旭俊副书记（左）与青年教师辅导员郭双壮副教授（右）走访研究生工作室

4 月 16 日，由学院学生科技创新中心主办的“材料创新沙龙——教师专题讲座”在东校园化学材料综合楼举行。此次讲座邀请了翟文涛教授及刘定心副教授分别做题为《对技术创新和技术产业化的理解》及《生物构型 MOFs 复合材料的构筑与优秀本科生的培养》的讲座（见图 15、图 16）。

图 15　翟文涛教授与同学们进行讲座分享

图 16　刘定心副教授与同学们进行讲座分享

4 月 26 日，学院“百人计划”引进人才蒋旭洲副教授到岗。

4 月 28 日，学院在东校园化学材料综合楼 C213 室召开学院党史学习教育工作推进暨支部书记及支委培训会议（见图 17）。院党委书记李

图 17　学院党史学习教育工作推进暨支部书记及支委培训会议现场

伯军、副书记黄旭俊、校组织部专职组织员黄海及相关师生参加会议。黄旭俊副书记主持会议。会上，李伯军书记、黄旭俊副书记分别就党史学习教育工作进行发言，黄海做党员发展工作专题培训，党务秘书曹波对近期支部组织工作要点做具体安排说明。

## 5 月

5 月 13 日，学院在东校园化学材料综合楼 C213 会议室召开学生工作专题研讨会。院党委书记李伯军、青年教师专职辅导员、专职科研兼职辅导员、班主任和团委书记等参会，会议由黄旭俊副书记主持。会上，黄旭俊副书记带领与会人员集中学习《中山大学青年教师专职辅导员选聘与管理办法》《关于深化学生社会实践管理的工作指引》等文件精神和要求，并通报了近期工作情况。李伯军书记做总结讲话。

5 月 16 日和 5 月 22 日，学院举办“‘材’子相约实验室”活动。活动邀请了 8 个实验室团队，开放 8 个不同方向的实验室供 2020 级学生参观，近 80 名学生参加活动（见图 18）。

图 18　我院学生参观实验室

5 月 21 日，学院联合东校园保卫办、小谷围派出所开展“防诈骗安全教育讲座”活动（见图 19）。校党委学工部副处长周昀、保卫部副处长麦庆荣及东校园各院系共约 300 人参加讲座。此次讲座由院党委副书记黄旭俊主持，由我院学生第六党支部承办（见图 20）。

图 19　“防诈骗安全教育讲座”现场

图 20　黄旭俊副书记与学生第六党支部合影留念

5月25日，学院党委联合国家超级计算广州中心党支部开展“我为群众办实事——走进超算”实践活动，在李伯军书记的带领下，师生代表参观了国家超级计算广州中心并开展座谈交流（见图21、图22、图23）。

图21　学院师生代表参观国家超级计算广州中心

图22　学院师生近距离了解“天河二号”

图23　座谈会现场

5 月 22 日，学院举办第一届青年教师授课大赛，56 位青年教师参加比赛。大赛邀请了化学学院、生命科学学院、物理学院、化学工程与技术学院及我院的 10 位教师担任专家评委，由学院学生代表作为学生评委（见图 24）。院长助理宋树芹教授在开幕式上致辞。比赛分为 A、B 两组同时进行，青年教师依次上台，分别现场演示 15 分钟的教学授课（见图 25、图 26）。

图 24　部分参赛教师和评委合影

图 25　第一届青年教师授课大赛比赛现场（A 组）

图 26　第一届青年教师授课大赛比赛现场（B 组）

# 6 月

6 月 1 日，学院“百人计划”引进人才阎兴斌教授到岗。

6 月 26 日，学院组织 2020 级本科生共 85 人开展“院楼环境卫生劳动实践活动”，对东校园化学材料综合楼的公共会议室、团队讨论室和研究生讨论室等 26 间房进行打扫（见图 27）。

图 27 “院楼环境卫生劳动实践活动”参与人员合影

# 7 月

7 月 13 日，中山大学经研究决定任命材料科学与工程学院新一届行政领导班子成员：任命杨国伟为材料科学与工程学院院长；任命宋树芹、田雪林为材料科学与工程学院副院长（见图28、图29）。

中山大学文件

中大干〔2021〕47号

中山大学关于材料科学与工程学院
新一届行政领导班子成员任职的通知

各二级党委（党总支）、直属党支部、党工委，校机关各部、处、室，各学院、直属系，各直属单位，各附属医院（单位），产业集团，各有关科研机构：

经研究决定，材料科学与工程学院新一届行政领导班子成员任职如下：

任命杨国伟为材料科学与工程学院院长；

任命宋树芹、田雪林为材料科学与工程学院副院长（试用期一年）；

图28 《中山大学关于材料科学与工程学院新一届行政领导班子成员任职的通知》（a）

原行政领导班子成员职务自然免去。

校长：罗俊

2021 年 7 月 13 日

| 中山大学校长办公室 | 主动公开 | 2021 年 8 月 10 日印发 |
| --- | --- | --- |

图 29 《中山大学关于材料科学与工程学院新一届行政领导班子成员任职的通知》（b）

7月13日，学校任命许俊卿同志任材料科学与工程学院党委委员、副书记（见图30、图31）。

中共中山大学委员会文件

中大党组发〔2021〕53号

中共中山大学委员会关于张琪等同志任免职的通知

各二级党委（党总支）、直属党支部、党工委，校党群机关各部门：

经研究决定：

张琪同志任中山医学院党委委员、书记；

许俊卿同志任材料科学与工程学院党委委员、副书记，免去其光华口腔医学院·附属口腔医院党委副书记、委员，纪委书记、委员职务；

吕懿娜同志任光华口腔医学院·附属口腔医院党委委员、副书记，纪委委员、书记，免去其校党委组织部副处级组织员职务；

图30 《中共中山大学委员会关于张琪等同志任免职的通知》（a）

邱楚东同志任历史学系（珠海）党总支委员、副书记；

范星星同志任社会学与人类学学院党委委员、副书记；

因年龄原因，免去吴忠道同志中山医学院党委书记、委员职务；

免去万忠娟同志历史学系（珠海）党总支副书记、委员职务；

免去海珊同志社会学与人类学学院党委副书记、委员职务。

中共中山大学委员会

2021年7月13日

中山大学党委办公室　　主动公开　　2021年7月13日印发

图31　《中共中山大学委员会关于张琪等同志任免职的通知》（b）

7 月 24 日，WILEY“人物访谈”栏目专访学院付俊教授（见图 32）。

图 32　付俊教授接受访谈

# 8 月

8 月 13 日，学院新一届行政领导班子、党委副书记上岗会议在东校园化学材料综合楼 B625 室召开。副校长刘济科，校党委组织部部长古小红，院领导班子成员及教职工代表 50 余人参加现场会议，部分教职工通过视频连线同时参加会议。会议由院党委书记李伯军同志主持。会上，古小红部长宣读了学校关于我院新一届行政领导班子成员、副书记任职的通知，任命杨国伟为材料科学与工程学院院长，田雪林、宋树芹为材料科学与工程学院副院长，许俊卿为材料科学与工程学院副书记（见图 33）；刘济科副校长为新任领导人员颁发干部任命书并做讲话（见图 34、图 35、图 36、图 37、图 38）；王成新教授、陈永明教授发表离任感言（见图 39、图 40）；杨国伟院长代表新一届行政领导班子做履新发言（见图 41），宋树芹副院长、田雪林副院长、许俊卿副书记做履新发言（见图 42、图 43、图 44）；李伯军书记做表态发言（见图 45）。

图 33　古小红部长宣读任职通知

图 34　刘济科副校长（左）为杨国伟院长（右）颁发干部任命书

图 35　刘济科副校长（左）为宋树芹副院长（右）颁发干部任命书

图 36　刘济科副校长（左）为田雪林副院长（右）颁发干部任命书

图 37　刘济科副校长（左）为许俊卿副书记（右）颁发干部任命书

图 38　刘济科副校长讲话

图 39　王成新教授发表离任感言

图 40　陈永明教授连线发表离任感言

图 41　杨国伟院长做履新发言

图 42　宋树芹副院长做履新发言

图 43　田雪林副院长做履新发言

图 44　许俊卿副书记做履新发言

图 45　李伯军书记做表态发言

# 9月

9月1日，学院迎来126位2021级研究生新生，其中，学术硕士研究生33人、专业学位硕士研究生49人、博士研究生44人。本科生学校采取大类招生，我院托管了141位本科新生（见图46、图47）。

图46　化学材料综合楼一楼研究生迎新点

图47　部分工作人员合影

图 48　教职工认真听报告

9月9日，学院在东校园化学材料综合楼B301召开2021年秋季学期全体教职工大会（见图48）。全体教职工参加大会，李伯军书记主持会议。会上，杨国伟院长做材料科学与工程学科“双一流”建设总结报告（见图49）。宋树芹副院长、田雪林副院长、许俊卿副书记分别对分管领域工作进行汇报，李伯军书记做师德师风专题工作报告（见图50）。

图 49　杨国伟院长做材料科学与工程学科“双一流”建设总结报告

图 50　李伯军书记做师德师风专题工作报告

9月9日，学院举办“我为群众办实事实践活动”之课程思政经验分享专题讲座，邀请了院实验教学中心副主任、教师第一党支部支委杨建文副教授做题为《基础化学课程思政经验》的主题报告（见图51）。

60 余名专任教师参加讲座。

图 51　杨建文副教授讲座现场

9 月 16 日，学院党委许俊卿副书记与青年教师辅导员周业成副教授在深圳校区西区教学楼，向学生做学校历史及大类培养计划宣讲报告（见图 52、图 53）。

图 52　许俊卿副书记为同学们宣讲大类培养计划

图 53　青年教师辅导员周业成副教授在给 2021 级新生讲解搬迁细节

图 54　新生草地中秋晚会现场

9 月 21 日，学院理工实验 4 班在深圳校区举办新生草地中秋晚会（见图 54）。

9 月 22 日，学院理工实验 4 班完成搬迁，成功入住南校园新生宿舍（见图 55）。许俊卿副书记、青年教师辅导员周业成副教授、班主任秦霓副教授走访了新生宿舍。

图 55　部分新生志愿者合照

9月24日，学院召开研究生迎新大会暨院长、书记“思政第一课”活动（见图56）。杨国伟院长做大会致辞，田雪林副院长提出新生寄语，许俊卿副书记做学生工作介绍，随后教师代表白莹副教授、学生代表何镇航和新生代表陈梦诗分别进行发言。杨国伟院长以《如何成为一名合格的研究生》为题，为新生讲授“思政第一课”；李伯军书记以《深入领会习近平总书记“七一”重要讲话的重大意义、扎实推进立德树人根本任务》为题，讲授“思政第一课”。

图56　全体师生齐唱校歌

# 10 月

10 月 1 日，学院专职科研系列人员沈杨博士转聘为副教授。

10 月 10 日，学院召开研究生代表大会和学生代表大会。院党委副书记许俊卿、团委书记卢斯佳出席会议，47 名研究生代表及 91 名本科生代表参加（见图 57）。会议选举产生了学院第六届研究生会、学生会主席团成员，马铭辰、章依蕾、曾铎基当选为学院第六届学生会主席团成员，宋盼盼、张田伟、孙兰芳当选为学院第六届研究生会主席团成员。许俊卿副书记做总结讲话。

图 57　学院第六届研究生会、学生会主席团代表与学院党委副书记许俊卿、团委书记卢斯佳合影

10 月 8—14 日，由教育部高等学校材料类专业教学指导委员会主办、上海交通大学承办的“徕卡杯”第十届全国大学生金相技能大赛在上海举行。来自全国 370 所高校、371 支代表队的 1109 名选手参加比赛。经过角逐，学院选手翟志棋荣获个人一等奖，唐阳杰、武思怡荣获个人二等奖，张曰理教授、杨玉华副教授、褚燕燕获优秀指导教师奖，中山大学代表队荣获团体二等奖，张曰理教授荣获全国大学生金相技能大赛十周年一级荣誉勋章（见图 58）。

图 58　第十届全国大学生金相技能大赛获奖同学与指导老师合影

10 月 11 日，学院经研究决定，任命奚斌、郭双壮为学院院长助理（见图 59）。

# 中山大学材料科学与工程学院

材料科〔2021〕47 号

## 材料科学与工程学院关于奚斌等任职的通知

学院各单位:

经研究决定:

任命奚斌为材料科学与工程学院院长助理。

任命郭双壮为材料科学与工程学院院长助理。

材料科学与工程学院

2021 年 10 月 11 日



图 59 《材料科学与工程学院关于奚斌等任职的通知》

10 月 23 日，由学院和学校前沿交叉领域专项工作小组共同主办的中山大学 2021 年医工交叉前沿论坛在南校园哲生堂举行，邀请了来自学校材料、化学、药学、生物医学工程、临床医学等各专业的

40 多位专家学者参加（见图 60）。杨国伟院长出席会议并致辞（见图 61），孙冬柏教授介绍了大科学装置建设及其医学应用情况（见图 62），与会专家开展深入交流。

图 60　中山大学 2021 年医工交叉前沿论坛部分参会代表合影

图 61　杨国伟院长致欢迎辞并介绍学院发展情况

图 62　孙冬柏教授介绍大科学装置建设及其医学应用情况

# 11 月

11 月 3 日，学院在东校园召开全院教职工大会，传达学校秋季工作会议精神，杨国伟院长主持会议，百余名教职工出席会议。会上，李伯军书记传达了罗俊校长关于《学习贯彻中央人才工作会议精神，努力推进中国特色世界一流大学建设》的大会报告精神，及中山大学党委副书记、纪委书记林东伟做的警示教育和党风廉政建设专题报告精神（见图 63）。杨国伟院长做总结讲话（见图 64）。

图 63　李伯军书记传达学校秋季工作会议精神

图 64　杨国伟院长做总结发言

11 月 3 日，学院在东校园化学材料综合楼 B303 室召开第二届教职工代表大会暨工会会员代表大会（简称“双代会”）第一次会议，31 位正式代表参会，校工会副主席胡海燕到会指导。会上，杨国伟院长做学院工作报告（见图 65），李伯军书记做学院财务工作报告（见图 66），

校工会胡海燕副主席宣读了校工会贺信（见图 67），学院分工会主席包定华教授做“材料科学与工程学院工会工作报告和工会财务工作报告”（见图 68）。大会通过无记名投票，毕冬勤、乔正平、许俊卿、杨建文、郭双壮、黄智恒、董秋娉当选为学院第二届教职工代表大会常务委员会委员，石毅、付俊、乔正平、杨建文、林显忠、黄智恒、董秋娉当选为学院第二届工会委员会委员。

图 65　杨国伟院长做学院工作报告

图 66　李伯军书记做学院财务工作报告

图 67　校工会胡海燕副主席发言

图 68　包定华教授做报告

11 月 4 日，中化泉州石化有限公司到学院进行技术交流。

11 月 13 日，学院举办首次“理工实验班‘走进’材料科学与工程学院”活动（见图 69）。200 多名 2021 级理工实验班新生前往东校园化学材料综合楼进行参观学习。院党委副书记许俊卿出席见面会活动并做学院整体情况介绍。新生同时参观了学院科研实验室。

图 69　2021 级理工实验班新生与我院教师合影

11 月 14 日，学院组织本硕一、本硕二、本硕三、本硕四、本硕五、本硕六党支部，博士研究生一、博士研究生二、博士研究生三党支部近 120 名学生党员赴中山市孙中山故居和珠海市淇澳岛苏兆征故居及抗英旧址开展“不忘历史、缅怀先烈、开创未来”主题教育党日活动（见图 70、

图 70　学生党员在中山市孙中山故居前合影

图 71 )。许俊卿副书记、人事与党务秘书曹波带队指导。

图 71　党员师生在珠海市淇澳岛苏兆征故居及抗英旧址前合影

11 月 20—21 日，第十一届广东大学生材料创新大赛在南方科技大学、深圳大学、哈尔滨工业大学（深圳）举办。大赛采用线上“选手展示 + 评委点评”的形式举行。学院学子取得了佳绩，获特等奖 1 项、二等奖 3 项、三等奖 5 项；刘卫、肖敏、罗惠霞、石磊、雷宏香、王山峰、刘定心、杨亚斌及石铠源获“优秀指导教师”荣誉称号（见图 72 )。

11 月 21 日，共青团中山大学材料科学与工程学院第四次代表大会在东校园化学材料综合楼 B301 报告厅召开。校团委副书记李燕、院党委副书记许俊卿出席会议（见图 73 )。大会听取和审议了学院团委第三届委员会工作报告、财务工作报告，选举产生了学院团委第四届委员，卢斯佳、张子圻、周业成、钟轩、章依蕾、黄柯、谭昊洋当选新一届团委委员。

| 广东省第十一届大学生材料创新大赛 | | | | | |
|---|---|---|---|---|---|
| 队名 | 负责人 | 队员 | 总决赛奖项 | 分赛区奖项 | 指导教师 |
| 飞行金属 | 郑远远 | 李健、潘楚璇、王剑兰、叶雨泓 | 特等奖 | 一等奖 | 刘卫 |
| 中大透氧膜组 | 张超 | 黄彦昊 | 二等奖 | 一等奖 | 罗惠霞 |
| WECAM队 | 王冰冰 | 程斌、廖思蔚 | 二等奖 | 一等奖 | 杨亚斌、石铠源 |
| 言之有"锂" | 刘鹏 | 王天羿、林乙龙、黄雪妍、鲁振华 | 二等奖 | 一等奖 | 肖敏 |
| 组织工程支架队 | 许博闻 | 利文杰、成肖鹏 | 三等奖 | 二等奖 | 王山峰 |
| 423 | 曾令勇 | 李宽、何溢懿、余沛峰 | 三等奖 | 二等奖 | 罗惠霞 |
| 蛛丝有戏队 | 汪佳乐 | 张豪、唐阳杰 | 三等奖 | 二等奖 | 雷宏香 |
| "碳"为观止队 | 张宏伟 | 奉決豪 | 三等奖 | 二等奖 | 石磊 |
| 电容铁MOF队 | 谢俊杰 | 庄泽宇、杨万顺 | 三等奖 | 二等奖 | 刘定心 |

图 72　我院参赛学生获奖情况

图 73　学院党委副书记许俊卿讲话

11 月 23 日，学院在东校园化学材料综合楼 B303 报告厅召开本科专业教学研讨交流会暨人才培养专题会议。此次会议由副院长宋树芹教授主持，共 59 位专任教师参加（见图 74）。会上，杨国伟院长做致辞讲话（见图 75），教师发展中心王竹立教授做题为《一流课程建设与教学成果奖申报》的专题报告（见图 76），化学学院陈六平教授做题为《高等教育国家级教学成果奖相关问题漫谈》的专题报告。

图 74　全体参会人员合影

图 75　杨国伟院长致辞

图 76　教师发展中心王竹立教授做专题报告

11 月 24 日，学院罗惠霞教授荣获 2021 MDPI Materials 国际材料会议——先进和新兴材料“材料科学家”称号。

11 月 26 日，由学院学生科技创新中心主办的“材料创新沙龙——教师专题讲座”活动顺利开展，邀请了郭双壮副教授以《增材制造的过去、现在和未来》为题授课。

11 月 27—28 日，学院党委联合分工会组织师生代表赴广东省连州市丰阳镇开展 2021 年“学党史、强党性”党员教育培训活动（见图 77）。由李伯军书记、许俊卿副书记带队，学校派驻连州市丰阳镇驻镇帮镇扶村工作队队员、大富头村驻村第一书记黄旭俊受邀讲授专题党课（见图 78）。

图 77　全体师生在丰阳镇人民礼堂前合影

11 月 26—28 日，由广东省本科高校材料类专业教学指导委员会与广东省机械工程学会热处理分会主办，学院承办，华南理工大学材料科学与工程学院协办的第二届广东大学生金相技能大赛成功举办。我院学子在大赛中取

图 78　黄旭俊同志讲授专题党课

图 79　第二届广东大学生金相技能大赛获奖同学与指导老师合影

得佳绩：中山大学代表队荣获团体一等奖，翟志棋、唐阳杰荣获个人一等奖，廖思蔚、武思怡、余东澎荣获个人二等奖，汪佳乐荣获个人三等奖（见图 79）。

11 月 30 日，学院召开思想政治教育专题暨辅导员队伍建设会议（见图 80）。学院党委书记李伯军、副书记许俊卿出席，辅导员、班主任代表参加。许俊卿副书记做思想政治教育专题研究报告，辅导员就“如何做好学生思想引领工作”、班主任就“如何在班级凝聚力建设中发挥作用”进行研讨，李伯军书记做总结讲话。

图 80　思想政治教育专题暨辅导员队伍建设会议现场

# 12 月

12 月 8 日，学院在化学材料综合楼 B338 室开展以“加强学风建设，坚守学术底线”为主题的讲座，邀请了研究生院质量管理与学风建设办公室（简称“学风办”）杨靓授课（见图 81）。许俊卿副书记出席并做总结发言（见图 82）。

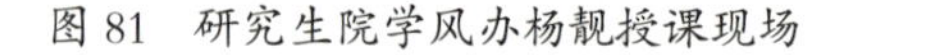
图 81　研究生院学风办杨靓授课现场

图 82　许俊卿副书记做总结发言

12 月 8 日，学院在化学材料综合楼 C244 室举行 2021 学年第二学期新开课、开新课教师试讲活动暨教学经验交流讨论会。新学期将为本科生新开设课程的 16 位教师分别对“能源与环境材料”等 10 门课程进行了试讲。

12 月 10 日，学院本科 2020 级材料化学班团支部在班主任刘卫教授的带领下前往深圳新宙邦科技股份有限公司和瑞芯智造科技有限公司，开展“学科实践”主题团日活动（见图 83）。

图 83　2020 级材料化学班级师生于深圳新宙邦科技股份有限公司新宙邦研究院合照

图 84　杨国伟院长为学生颁发奖励证书和奖金

12 月 17 日，学院在化学材料综合楼 B301 室举办“米开罗那”学科竞赛奖学金颁奖仪式（见图 84）。杨国伟院长、上海米开罗那机电技术有限公司华南地区销售经理李安邦、院党委副书记许俊卿、教学实验中心主任张曰理教授、学生科创中心指导教师李岩副教授等出席仪式。

12月21日，学院在化学材料综合楼举办“材料大家庭，冬至暖人心”冬至慰问活动，邀请学院全体师生一起包饺子、吃汤圆，共度冬至（见图85、图86）。

图85 “材料大家庭，冬至暖人心”冬至慰问活动现场

图86 师生共度冬至

# 2022年

# 1 月

1 月 11 日，学院在化学材料综合楼 B301 室召开全院教职工大会暨第二届双代会第二次会议。院党政领导班子、教职工代表参加会议，分工会主席杨建文主持会议。领导班子成员对 2021 年各自分管的工作领域进行工作总结（见图 1、图 2）。

图 1　杨国伟院长对学院工作进行总结发言

图 2　学院党委书记李伯军做 2021 年述职报告

图 3　田雪林副院长主持 2022 年度国家自然科学基金申请书撰写提高会

1 月 21 日，学院在化学材料综合楼 B303 室举行 2022 年度国家自然科学基金申请书撰写提高会。特邀化学学院池振国教授做专题报告，田雪林副院长主持会议（见图 3），学院 40 余名教师参加。

1 月 27 日，学院组织寒假

留校学生在化学材料综合楼 B511 室开展“师生共聚齐欢乐，虎虎生威迎新春”春节主题活动（见图 4）。

图 4　寒假留校学生与学院老师春节活动合影

# 3 月

3 月 3 日，学院党委召开学习贯彻学校党的建设工作会议精神专题会议，党政领导班子成员、党委委员，及党支部书记、教师代表参加（见图 5、图 6）。会上，李伯军书记传达了陈春声书记所做的“心怀‘国之大者’，肩负职责使命，全面加强新时代学校党的建设”主题报告及高松校长所做的“以高质量党建推动学校事业内涵式高质量发展”主题报告，与会人员进行了深入的学习交流。

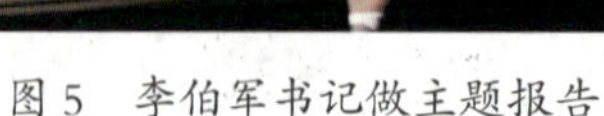

图 5　李伯军书记做主题报告

图 6　杨国伟院长做会议总结

3 月 5 日，学院在化学材料综合楼 B101 室召开全体党员大会，学校组织部部长杨晓萌出席大会，全院 220 名党员参加，院党委副书记许俊卿主持会议。会议选举出材料科学与工程学院新一届党委委员，李伯军、田雪林、许俊卿、杨建文、宋树芹、郭双壮、董秋娉七位同志当选（见图 7）。

图 7　材料科学与工程学院新一届党委委员（左起：董秋娉、宋树芹、田雪林、李伯军、许俊卿、杨建文、郭双壮）

3 月 11 日，李伯军书记以《心怀“国之大者”，扎根中国大地办教育——谈谈新时代高校青年的责任担当》为题在化学材料综合楼 C213 室为学生骨干讲授思想政治理论第一课（见图 8）。

3 月 14 日，杨国伟院长以《光辉的历程——中国共产党百年华诞》为题在化学材料综合楼 B301 报告厅为研究生讲授思想政治理论第一课（见图 9）。

图 8　李伯军书记为学生骨干讲授思想政治理论第一课现场

图 9　杨国伟院长为研究生讲授思想政治理论第一课现场

图 10　于鹏副教授做讲座现场

3 月 17 日，由学院学生科技创新中心主办的“材料创新沙龙——教师专题讲座”活动在化学材料综合楼 C213 室举行，邀请了于鹏副教授围绕“新型二维光电子材料与器件”主题开展报告分享（见图 10）。

3 月 18 日，学院 2022 年春季学期团学骨干工作会议在化学材料综合楼 C213 会议室召开。院党委许俊卿副书记向团学骨干传达了 2022 年全国“两会”精神（见图 11）。

图 11　学院党委许俊卿副书记向团学骨干传达 2022 年全国“两会”精神

3 月 24 日，学院分工会举行庆祝国际劳动妇女节“关爱女性　美丽人生”讲座。

## 4 月

4 月 1 日，学院 2021 级理工实验班 4 班的两个团支部开展“建团百年”主题党史团史知识竞赛活动（见图 12）。

图 12　党史团史知识竞赛活动现场

4 月 3 日，学院 2019 级材料物理专业本科生张豪、汪佳乐、唐阳杰组队，在“中大科技园杯”第十五届赢在中大创新创业大赛总决赛上以《基于蜘蛛丝光波导的生物传感器》为题，获得了“学术创新赛道”一等奖（见图 13）。

图 13　“中大科技园杯”第十五届赢在中大创新创业大赛总决赛颁奖现场

4 月 9 日，由学院学生组成的男子一队在“2022 年中山大学龙舟赛”中夺取桂冠。

4 月 20 日，崔浩、王维龙副教授晋升为教授。

4 月 23 日，学院第一届师生乒乓球比赛于东校园体育馆举办，比赛由院学工部和分工会主办，研究生会承办（见图 14）。黄盛副教授和学生孙兰芳技压群雄，分别夺得男子单打冠军和女子单打冠军。

图 14　学院第一届师生乒乓球比赛参赛师生与工作人员合影

4 月 26 日，李伯军书记带队实验室管理领导小组对学院化学材料综合楼实验室进行实验室安全、消防安全现场检查工作，重点对实验室消防安全、用气用电安全、危险化学品安全管理、个人防护、实验室环境卫生、实验室安全文档等进行检查（见图 15）。

图 15　领导小组检查实验室安全、消防安全现场

# 5 月

5 月 6 日，学院在化学材料楼分别举行 2022 届材料物理、材料化学、高分子材料与工程 3 个专业的本科毕业论文答辩，2018 级全体本科生共 115 人参加。

5 月 12 日，东校园图书馆一行在周旭毓馆长的带领下到学院开展图书馆资源与服务调研交流座谈会，双方就图书馆资源与服务开展了交流，院党委许俊卿副书记主持会议（见图 16）。

图 16　图书馆资源与服务调研交流座谈会与会师生合影

5 月 13 日，刘济科副校长在南校园逸夫楼 202 室为我院 110 余名 2021 级大类培养本科生讲授题为《全面落实立德树人根本任务　加快人才培养高质量内涵式发展》的思想政治理论课（见图 17）。

图 17　刘济科副校长授课现场

图 18　孟跃中教授授课现场

5 月 13 日，我院孟跃中教授在南校园梁銶琚堂为 2021 级理工实验班讲授题为《国家双碳战略目标：高分子材料学科责无旁贷》的专业导学公开课（见图 18）。宋树芹副院长、许俊卿副书记及教研室主任到场与新生进行交流。

5 月 15 日，学院第一届师生羽毛球比赛在东校园体育馆举行（见图 19）。

图 19　学院第一届师生羽毛球比赛师生合影

5 月 16 日，由学院教师第一党支部和中山大学附属口腔医院共同主办的“口腔 – 材料学科交叉学术沙龙”在附属口腔医院办公楼二楼讲学厅举行，来自我院和附属口腔医院的教职员工和研究生近百人参加了交流活动（见图 20）。

图 20　口腔 – 材料学科交叉学术沙龙部分参会人员合影

图 21　获奖学生与学院老师合影

5月18日，学院举行2022年美国大学生数学建模竞赛（MCM/ICM）颁奖仪式。此次荣获Finalist奖（特等奖提名）是我院学子在美国大学生数学建模竞赛中所获得的最好成绩（见图21）。

5月19日，学院召开全院教职工大会，传达学习春季工作会议精神及开展师德师风警示教育。会上，李伯军书记传达了高松校长题为《以高水平人才培养和高素质教师队伍建设为抓手　扎实推进学校高质量内涵式发展》的大会报告、其他相关校领导的分报告和陈春声书记的总结讲话精神，并以"以案为鉴、警钟长鸣"为主题进行了师德师风警示教育（见图22）。杨国伟院长就贯彻落实学校春季工作会议精神谈了体会并做工作部署（见图23）。

图22　李伯军书记传达工作会议精神

图23　杨国伟院长做工作部署

5月21日，学院举办就业经验分享会，邀请许俊卿副书记出席并介绍学院往届毕业生的情况。青年教师辅导员刘志佳副教授主持会议。

5月26日，学院教师第二党支部和电子与信息工程学院教工第三党支部联合举办跨学科交流主题党日活动（见图24）。我院党委书记

李伯军出席活动。

图 24　跨学科交流主题党日活动现场（左侧为材料科学与工程学院教师第二党支部，右侧为电子与信息工程学院教工第三党支部）

# 6 月

6 月 2 日，学院召开 2022 年度退休教职工座谈会，重点慰问学院近几年退休的教职工。退休教职工任山副教授、朱蕾老师，以及师生代表等 15 人参加了座谈会，座谈会由分工会主席杨建文主持（见图 25）。

图 25　2022 年度退休教职工座谈会现场

图 26　获奖青年教师与专家评委合影

6 月 10 日，学院在化学材料综合楼 B625 室举办第二届青年教师授课大赛。共 10 位青年教师参加大赛，邀请了 5 名专家评委及 17 名学生评委参加。经过角逐，郭双壮副教授获一等奖，田非教授、杨功政副教授获二等奖，吴曙翔副教授、石毅副教授、于鹏副教授获三等奖（见图 26）。

6 月 16 日，学院于东校园北门牌坊拍摄 2022 届毕业生合影（见图 27）。

图 27　材料科学与工程学院 2022 届毕业生合影（摄于 2022 年 6 月 16 日）

6月25日，学院举行2022届毕业典礼暨学位授予仪式，杨国伟院长、宋树芹副院长、田雪林副院长、刘勇教授、刘军民教授、全大萍教授、程度教授、金崇君教授、陈清林教授、付俊教授、奚斌教授、阎兴斌教授、衣芳教授、郭双壮副教授等主礼教授、院党政班子成员出席仪式，200余名本、硕、博士毕业生共聚于此，共同度过这难忘且值得纪念的时刻（见图28、图29、图30、图31、图32）。

图28　李伯军书记在2022届毕业典礼暨学位授予仪式上做毕业寄语

图29　杨国伟院长对毕业生做毕业寄语

图30　许俊卿副书记主持仪式

图31　2022届毕业典礼暨学位授予仪式与会主礼教授

图 32　杨国伟院长为获得学士学位的毕业生授予学位

## 7月

7月19日，学院2021级本科生完成校园搬迁工作，搬迁至东校园。

7月29日，2018级博士研究生郑远远获2021年中山大学年度人物提名奖（见图33）。

图 33　2018级博士研究生郑远远在实验室做实验

# 8 月

8 月 20—22 日，学院“红色足迹 · 材益红色教育宣讲团”到广东汕头市开展大学生暑期“三下乡”社会实践活动，重点赴汕头市老城区及两镇两村开展社会实践活动（见图 34）。

8 月 20—22 日，学院组织师生赴广东汕头市开展 2022 年“寻访中山大学校友的足迹”活动（见图 35）。

8 月 31 日至 9 月 2 日，学院在南校园、东校园分别迎来 85 名 2022 级本科生和 145 名 2022 级研究生（见图 36）。

图 34　红色教育宣讲团在汕头市老城区中共中央至中央苏区秘密交通线汕头交通中站旧址前合影

图 35　学院师生与中山大学校友合影

图 36　迎新工作志愿者师生合影

# 9 月

图 37　交流会现场

9 月 1 日，河南省济源市人大常委会副主任、济源市工商联主席董亚丽带队到学院交流。田雪林副院长主持会议，校科研院刘梅常务副院长出席会议并致辞。我院相关骨干教师参加了会议（见图 37）。

9 月 2 日，学院开展“2022 级新生入学教育第一课——安全教育”培训会，邀请了保卫处麦庆荣副处长、史龙威主管、小谷围派出所吴共清警官进行培训，2022 级全体新生通过线上、线下相结合的方式参加了培训。

9 月 8 日，学校发布《中山大学关于表彰第十届教师教学竞赛获奖教师的决定》，李岩副教授荣获工科组二等奖（见图 38）。

图 38　李岩副教授获得的中山大学第十届教师教学竞赛获奖证书

图 39　许俊卿副书记代表学院向与会教师致以慰问并做师德建设专题教育

9月9日，学院召开2022年教师节慰问座谈会暨师德建设专题会议，许俊卿副书记代表学院向与会教师致以慰问并做师德建设专题教育（见图39），纪检委员宋树芹教授做师德师风警示教育报告。

9月15日，学院在化学材料综合楼B625室召开本科专业教学研讨交流会议暨人才培养专题讲座（见图40），特邀教务部陈省平主任做“自主学习，卓越教学，加快人才培养高质量内涵式发展”专题报告。

图 40　本科专业教学研讨交流会议暨人才培养专题讲座与会人员合影

9月20日，学院在化学材料综合楼C213室召开本科实验教学研讨会，副院长宋树芹教授主持会议（见图41）。

9 月 20 日，学院“百人计划”引进人才窦青云副教授到岗。

图 41　本科实验教学研讨会与会人员合影

9 月 22 日，学院分工会举办“喜迎二十大，唱响新时代”趣味运动会，吸引了近百名师生共聚化学材料综合楼一楼内庭，运动会包括拔河、接球等趣味项目。杨国伟院长、李佃军书记参加活动并为获奖选手颁奖（见图 42）。

图 42　参加趣味运动会师生合影

图 43　杨国伟院长授课现场

图 44　李伯军书记为学院 2022 级本科新生讲授思想政治理论第一课现场

9 月 24 日，学院举行新生见面会暨“院长第一课”，杨国伟院长为新生介绍了学院的历史以及学院在学校“新工科”建设规划下的发展情况（见图 43）。

9 月 26 日，学院教师第二党支部举行“牢记初心，时刻自重自省”纪律教育专题学习活动。

9 月 29 日，李伯军书记为学院 2022 级本科新生讲授题为《新时代高校青年责任担当》的思想政治理论第一课（见图 44）。

## 10 月

10 月 16 日，中国共产党第二十次全国代表大会在北京隆重开幕，学院党委副书记许俊卿组织带领学生党支部成员集中收看开幕会，认真聆听习近平总书记的报告（见图 45）。

图 45　学生党支部成员观看学习现场

图 46　学院行政党支部观影活动合影

10 月 18 日，学院行政党支部在院党委李伯军书记的带领下开展红色观影活动（见图 46）。

10 月 20 日，广东省材料研究学会发布了《关于表彰 2022 年度第二届广东省材料研究学会青年科技奖获奖者的决定》，学院罗惠霞教授荣获 2022 年度第二届广东省材料研究学会青年科技奖（见图 47）。

图 47　罗惠霞教授获得的广东省材料研究学会青年科技奖证书

# 11 月

11 月 30 日，学院本硕第三党支部、博士研究生第二党支部举行学习贯彻党的二十大精神专题学习会。

# 12 月

12 月 1 日，学院本硕第一党支部举行学习贯彻党的二十大精神专题学习会。

12 月 4 日，学院本硕第四党支部举行学习贯彻党的二十大精神专题学习会。

12 月 7 日，学校党委书记陈春声一行莅临学院开展党建工作调研，并了解学院事业的发展情况（见图 48、图 49）。调研座谈会由学校党委副书记、纪委书记、国家监委驻中山大学监察专员刁振强主持，学校有关职能部门负责人陪同调研。我院党政班子成员、党委委员、教师党支部书记及教师代表等出席了座谈会。会上，院党委书记

图 48　党建工作调研座谈会现场

图 49　学校党委书记陈春声一行与学院党政班子成员、党委委员、教师党支部书记及教师代表合影

李伯军做了题为《贯彻党的二十大精神　踔厉奋发　推动学院事业高质量内涵式发展》的党建工作汇报，副院长田雪林教授汇报了学院事业发展情况，与会人员进行深入交流，陈春声书记做总结讲话。

12 月 9 日，学院团委线上组织了“青马工程”主题宣讲活动。

12 月 11 日，由中国生物材料学会神经修复材料分会主办，学院承办的“第二期医工交叉青年学者沙龙”在线上成功举办（见图 50）。学院全大萍教授在分会中担任常务委员职务，白莹副教授任委员。

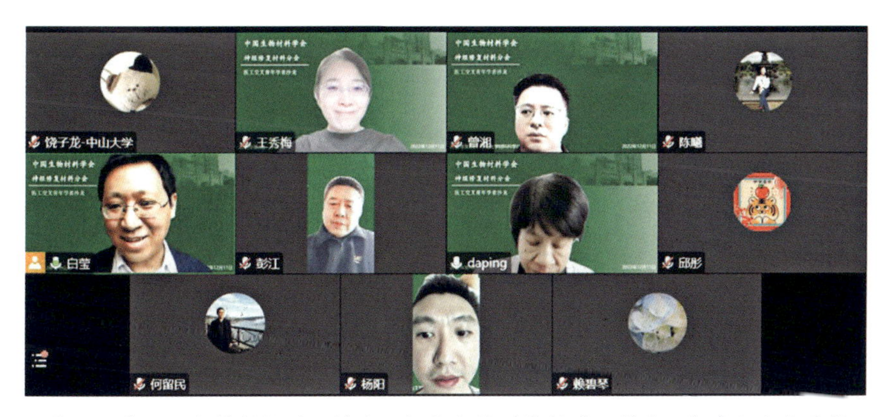


图 50　我院全大萍教授（二排右二）和白莹副教授（二排左一）参与线上沙龙

12 月 13 日，学院通过线上会议的形式完成了 2022 学年第二学期新开课、开新课教师试讲活动。2022 学年拟开新课及新开课教师共 5 位，分别依次对“有限元方法及其工程应用”等面向 7 个教学班开设的 5 门专业课程进行了试讲。

12 月 22 日，学院在院楼 B511 室组织冬至慰问活动，向学院全体师生提供饺子和汤圆，共度冬至（见图 51、图 52）。

图 51　慰问活动现场

图 52　领取慰问饺子的学生

# 2023年

# 1 月

1 月 4 日，学院线上召开 2023 年第一次教职工大会暨第二届双代会第三次会议，院党政领导班子、教职工 136 人参加线上会议（见图 1）。会上，宋树芹副院长传达了学校 2022 年秋季工作会议上高松校长的题为《以学生成长为中心，以通专融合为路径，全面提高人才自主培养质量》的大会报告精神和陈春声书记的总结讲话精神。院领导班子成员分别进行 2022 年工作总结汇报，李伯军书记做会议总结。

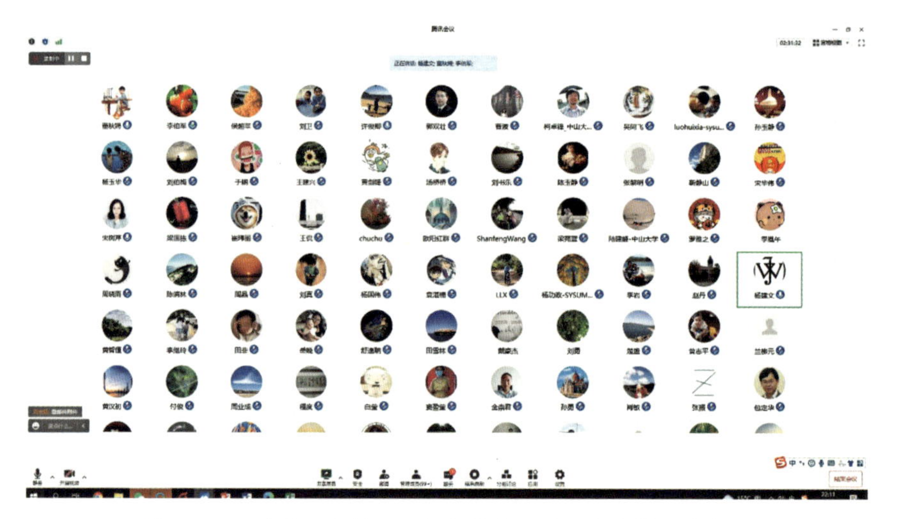

图 1　2023 年第一次教职工大会暨第二届双代会第三次会议

1 月 9 日，学院党委召开 2022 年度党支部书记述职评议会。

1 月 17 日，学院举行 2023 年留校学生春节慰问活动（见图 2）。

图2 春节慰问活动现场合影

# 3月

3月9日，李伯军书记在东校园化学材料综合楼B624为学院全体学生干部讲授以《加强和改善党的领导，为材料科学与工程学院“双一流”建设保驾护航》为题的思想政治理论第一课（见图3）。

图3 李伯军书记讲授思想政治理论第一课现场

3月14日，杨国伟院长在东校园公共教学楼D104室给学院2021级全体本科生讲授“思政第一课”，带领同学们共同学习党的二十大精神（见图4）。

图4 杨国伟院长讲授“思政第一课”现场

3月16日，学院在化学材料综合楼B303室召开“博兴学生发展基金”捐赠颁奖仪式暨经验分享招聘会。广东博兴新材料科技有限公司副总裁黄津先生和公司团队、李伯军书记、许俊卿副书记及教师代表出席大会，60余名学生前来观看。大会由许俊卿副书记主持。博兴公司已于2017年向我院捐赠人民币20万元，通过本次大会再次向我院捐赠人民币20万元（见图5）。

图5 李伯军书记（左）和广东博兴新材料科技有限公司副总裁黄津先生（右）出席“博兴学生发展基金”捐赠颁奖仪式

3月18日，学院分工会联合行政党支部组织教职工前往海鸥岛开展“巾帼心向党　奋进新时代”素质拓展活动（见图6）。

图6　学院教职工素质拓展活动合影

3月26日，"粤港澳大湾区新材料创新企业50强"评选活动启动，学院代表大湾区材料学科的重要科研力量，作为唯一高校支持单位参与启动仪式（见图7）。

图7　学院院长助理奚斌教授（左一）代表学院参与启动仪式

3月31日，学院党委组织全院900余名师生通过多种渠道学习收看由中央组织部、中央电视台联合录制的《榜样7》专题节目，深入学习贯彻习近平新时代中国特色社会主义思想和党的二十大精神。

# 4月

4月3日下午，中山大学—联创碳中和技术研究院揭牌仪式在南校园怀士堂举行（见图8）。副校长兰平，山东淄博市副市长毕红卫，淄博市张店区委书记郭庆，山东联创产业发展集团股份有限公司董事长李洪国，学院院长杨国伟，学院教授、中山大学—联创碳中和技术研究院院长孟跃中出席仪式并致辞。化学工程与技术学院院长欧阳钢锋、科学研究院横向处副处长刘薇、学院党委书记李伯军、学院党委副书记许俊卿，以及淄博市、联创集团、学院其他师生代表等百余人共同参加仪式。仪式由我院党委书记李伯军主持。

图8　中山大学—联创碳中和技术研究院揭牌仪式现场

4月8日，学院党委在广州校区南校园成功举办“深入学习贯彻党的二十大精神、传承红色基

因、筑牢理想信念”主题素质拓展活动。我院党委副书记许俊卿、团委书记卢斯佳、党务秘书曹波、辅导员罗雅之与相关学生一同参加活动（见图9）。

图9 “深入学习贯彻党的二十大精神、传承红色基因、筑牢理想信念”主题素质拓展活动现场合影

4月12日，学院在化学材料楼B301报告厅召开2023年春季学期全院教职工大会，会议由学院院长杨国伟主持（见图10），全院教职工百余人参加本次会议。此次会议传达学习中国共产党中山大学第十四次代表大会工作精神、

图10 杨国伟院长主持春季学期全院教职工大会

学校 2023 年春季工作会议精神，并做 2023 年保密宣传教育月活动动员。

4 月 15 日，学院团委组建材料科技先锋队前往中山大学附属中学开展趣味科普实践公益活动（见图 11）。许俊卿副书记和院团委书记卢斯佳到场指导。

图 11　材料科技先锋队队员合影

4 月 18 日，学院在化学材料综合楼举行教师教学竞赛初赛暨本科教学工作研讨会。研讨会邀请了电子与信息工程学院（微电子学院）院长佘峻聪、环境科学与工程学院副院长王诗忠、材料学院副院长高平奇、海洋工程与技术学院副院长谢鹏及学院教研室主要负责人参加。青年教师郭双壮、刘书乐、白莹依次为评委们呈现了精彩的现场教学演示（见图 12）。

图 12　教学竞赛初赛暨本科教学工作研讨会与会人员合影

4 月 21 日，学院召开面向学生工作队伍、学生群团组织骨干等对象的学习贯彻习近平新时代中国特色社会主义思想主题教育调研会，许俊卿副书记主持调研会，聚焦以学生成长为中心，高质量建设脸谱化第二课堂体系，促进第一、第二课堂融合，开展系列精品学生活动，切实提升学生思想政治教育工作成效，丰富校园文化生活等内容。

4 月 24 日，学院党委召开学习贯彻习近平新时代中国特色社会主义思想主题教育动员部署会（见图 13）。院党委书记李伯军主持会议，并做动员讲话。院党政领导班子、党委委员和师生党支部书记等参加会议。会议传达学习了习近平总书记在中央主题教育工作会议上的重要讲话精神和学校主题教育动员大会、实施方案精神，宣读了学院主题教育领导小组和工作小组成员名单，详细介绍了《中共中山大学材料科学与工程学院委员会学习贯彻习近平新时代中国特色社会主义思想主题教育工作方案》。

图 13　主题教育动员部署会现场

图 14　实验室安全消防检查现场

4月25日上午、4月28日下午，学院实验室（消防）安全管理领导小组组长杨国伟院长、李伯军书记分别带队对学院实验室进行实验室安全、消防安全现场检查工作。检查小组对实验室消防安全、用气用电安全、危险化学品安全管理、设备使用安全、个人防护、实验室环境卫生、实验室安全文档等情况进行了重点检查，对检查过程中发现的问题提出了整改要求（见图 14）。

4月26日，学院面向教学督导、教研室主任、本科教学实验中心工作人员、学工队伍等对象开展学习贯彻习近平新时代中国特色社会主义思想主题教育第二场调研座谈会，宋树芹副院长主持座谈会，聚焦学院本科教育教学审核评估评建工作的内容和要求。

# 5 月

5 月 5 日，学院面向青年教师召开学习贯彻习近平新时代中国特色社会主义思想主题教育第三场调研座谈会，田雪林副院长主持座谈会，就如何加强研究生培养进行座谈。

5 月 6 日，学院男子篮球队以系列赛全胜战绩夺得 2023 年“逸仙杯”篮球比赛东校园男子组冠军，全校“逸仙杯”篮球比赛男子组亚军，这是我院创立以来首次问鼎校园篮球赛。

5 月 14 日上午，学院教师第二党支部和本硕第三党支部联合举办“2023 年保研考研就业出国经验分享”主题党日活动（见图 15）。院党委副书记许俊卿、院长助理奚斌教授及相关班主任参加活动，并邀请 6 位学生分享经验。

图 15　2023 年保研考研就业出国经验分享会

5 月 16 日，学院召开学习贯彻习近平新时代中国特色社会主义思想主题教育第五场调研座谈会，由李伯军书记和杨国伟院长围绕“深入学习贯彻习近平新时代中国特色社会主义思想，全面提高人才自主培养质量”调研选题，面向近 30 名调研对象，对完善高水平人才自主培养体系的主要情况、重点问题和完善改进措施展开调研。

5 月 19 日，李伯军书记、许俊卿副书记和院长助理奚斌教授围绕“深入学习贯彻习近平新时代中国特色社会主义思想，全面提高人才自主培养质量”调研选题，面向各学生党支部书记、研究生会和学生会主席团成员、各班班长等 28 名调研对象，对完善高水平人才自主培养体系的主要情况、重点问题和完善改进措施展开调研。

图 16　师生乒乓球比赛合影

5 月 20 日，由学院分工会联合学工部主办、院研究生会承办的第二届师生乒乓球比赛在东校园举行（见图 16）。

5 月 19 日，学院在化学材料综合楼 C213 室举行“博兴学生发展基金”奖学金颁奖仪式

图 17　李伯军书记（左一）为获奖学生颁发“博兴学生发展基金”奖学金

暨主题教育调研会（见图 17）。院党委书记李伯军、副书记许俊卿和团委书记卢斯佳分别为获奖学生颁奖；颁奖仪式后，围绕学院第二课堂建设、学科育人落实等方面的问题进行调研。

5 月 25 日，由学院党委承办的“党建引领促本研一体化贯通工科人才培养”党建工作坊成功举行（见图 18），校党委组织部部长杨晓萌、副部长刘洁予，部分二级党组织书记、副书记，东校园专职组织员，计算机学院、智能工程学院学生党支部书记代表，东校园各院系党政办主任、党务秘书，党委组织部干部及各校园线上参与的代表等 80 余人参加。学院党委书记李伯军做“党建引领，推动本研一体化贯通工科人才培养”主题报告，计算机学院保密管理本科生党支部书记、智能工程学院研究生第三党支部书记、学院教师第一党支部书记、学院本硕第一党支部宣传委员、专职组织员分别做了专题汇报，与会人员进行讨论交流，杨晓萌部长做总结讲话。

图 18　党建工作坊与会人员合影

5月28日，由学院分工会和学工部共同主办，学院研究生会承办的学院第二届师生羽毛球比赛在东校园体育馆举行（见图19）。

图19　学院第二届师生羽毛球比赛队员合影

## 6月

6月2日上午，刘济科副校长在东校园化学材料综合楼以《学习贯彻习近平新时代中国特色社会主义思想　以学生成长为中心　全面落实立德树人根本任务》为题，为学院及系统科学与工程学院的本科生和研究生近200人讲授思想政治理论课（见图20）。

6月2日，广东省石化过程节能工程技术研究中心第一届技术委员会第五次会议暨2023年第四届石化能量系统优化技术及应用专题研讨会在化学材料综合楼C213会议室召开（见图21）。出席会议的包括中国科学院院士、技术委员会主任徐春明教授在内的专家学者和学生。会议同时进行网络直播。

图20　刘济科副校长讲授思想政治理论课现场

图21　研讨会与会人员合影

6 月 5 日，山西省原平市人民政府一行 10 人在市委书记马志强的带领下到访学院，就开展产学研等合作进行交流座谈（见图 22）。杨国伟院长、李伯军书记及院长领导班子成员、教师代表出席座谈会。

图 22　座谈会与会人员合影

图 23　雷丹妮教授近照
（雷丹妮教授供图）

6 月 7 日，林显忠副教授晋升为教授，张振助理教授晋升为副教授。雷丹妮成为学院第一位通过“青年正高”途径破格晋升的教授（见图 23）。

6 月 11 日，2023 年中山大学第十四届国际青年学者论坛材料科学与工程分论坛在东校园举行，论坛邀请了两名境外优秀青年学者现场参加，田雪林副院长主持论坛，学院相关学科专家出席（见图 24）。两名青年学者分别做专题报告并进

行交流。

图 24　分论坛现场

图 25　2023 届毕业大会暨学位授予仪式现场

6 月 25 日，学院 2023 届毕业大会暨学位授予仪式在化学材料综合楼 B101 室举行（见图 25）。院长杨国伟教授等主礼教授、李伯军书记、许俊卿副书记等出席会议，160 余名毕业生及其亲友参加。杨国伟院长轮流为获得学位的毕业生颁授学位，仪式由许俊卿副书记主持。

6 月 25 日，学院拍摄 2023 届毕业生合影（见图 26）。

图 26　材料科学与工程学院 2023 届毕业生合影（摄于 2023 年 6 月 25 日）

# 7月

7月1日，学院分工会组织教职工到增城白江湖森林公园开展郊游活动（见图27）。

图27　教职工郊游活动合影

图28　科研经验分享会现场

7月3日，学院召开科研经验分享会，邀请孟跃中教授做专题分享，会议由田雪林副院长主持。多名教师参加并就催化科学领域的研究进行分享交流（见图28）。

7月10—11日，学院学生组建“材子科技助农先锋队”前往广东连州市开展2023年暑期“三下乡”暨“百千万工程”突击队社会实践活动，邀请仲恺农业工程学院的肖乃玉教授共同调研，致力于解决连州果蔬贮运保鲜问题（见图29、图30）。“材子科技助农先锋队”获得广东省大学生暑期“三下乡”暨“百千万工程”青年突击队“优秀团队”称号。

图29　2023年暑期“三下乡”暨“百千万工程”突击队社会实践活动调研会现场

图30　“材子科技助农先锋队”队员合影

7月20日，学校发布了《中山大学关于表彰第十一届校级本科教育教学成果奖的决定》，学院两项教学成果奖喜获表彰（见表1、图31）。

表1　第十一届校级本科教育教学成果奖的获奖者

| 成果名称 | 主要完成人 | 授予奖项 |
| --- | --- | --- |
| 构建“一体两翼双驱”人才培养体系，打造材料科学与工程领域一流工科人才 | 宋树芹、王成新、程度、刘军民、刘勇、张曰理、杨建文、王拴紧、李伯军、杨国伟 | 一等奖 |

续表

| 成果名称 | 主要完成人 | 授予奖项 |
| --- | --- | --- |
| 强概念、重延伸－新工科专业化学类课程改革探索与实践 | 乔正平、杨洋溢、王拴紧、付俊、李远超、彭飞 | 二等奖 |

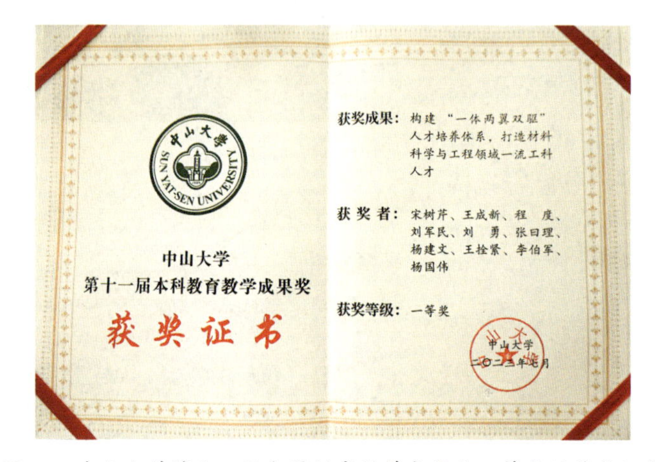


图 31　中山大学第十一届本科教育教学成果奖一等奖的获奖证书

# 8月

8月10日，由学院与中石化节能技术服务有限公司联合共建的中山大学－中石化节能低碳联合研究中心签约暨揭牌仪式在南校园举行。副校长兰平、中石化炼化工程集团董事长蒋德军、中国石化集团公司主题教育第四巡回指导组组长陆伟群、中石化广州（洛阳）工程有限公司执行董事韩卫国、中石化第五建设有限公司执行董事衣浩、

中石化节能技术服务有限公司谢艳丽总经理、学校科研院副院长李一希、学院党委书记李伯军、联合研究中心主任张冰剑等出席了活动并为研究中心揭牌（见图 32）。

图 32　中山大学－中石化节能低碳联合研究中心签约暨揭牌仪式现场（右起：张冰剑、陈清林、田雪林、李伯军、李一希、兰平）

8 月 25 日，学院党委召开学习贯彻习近平新时代中国特色社会主义思想主题教育专题民主生活会（见图 33）。李伯军书记主持会议并做总结讲话，院领导班子成员许俊卿、宋树芹、

图 33　主题教育专题民主生活会现场

田雪林出席，学校第三巡回指导组组长范瑞泉到会指导。

8月31日，学院分别在南校园、东校园迎来了90名2023级本科新生和157名研究生新生。是日下午，2023级本科新生及家长见面会以线上、线下相结合的方式举办，院领导班子成员、教研室主任、班主任等参加见面会。李伯军书记致欢迎辞，杨国伟院长介绍学院情况，宋树芹副院长做学习辅导，许俊卿副书记介绍学院就业情况，材料物理、材料化学、高分子材料与工程教研室负责人分别介绍各专业的发展情况。

## 9月

9月1日，学院召开2023级研究生新生纪律教育专题讲座，院长助理郭双壮副教授就学术诚信和实验室安全教育为学生授课。

图34　教育学习专题研讨会现场

9月15日，学院党委举行全面从严治党党风廉政建设暨纪律教育学习月和师德建设主题教育月活动专题研讨会（见图34），学院党政班子成员、党委委员、辅导员、班主任共计40人参加会议。学院党委书记李伯军做重点发言。

9 月 23 日，学院组织 2023 级本科新生到东校园化学材料综合楼进行参观学习（见图 35、图 36）。

9 月 25 日，杨国伟院长以《中国式现代化理论》为题，在化学材料综合楼为 2023 级研究生新生讲授“思政第一课”（见图 37）。

图 35　2023 级本科新生于东校园化学材料综合楼合影

图 36　2023 级本科新生参观实验室

图 37　杨国伟院长为新生讲授“思政第一课”现场

9月25日，学院党委书记李伯军以《“变”与“不变”——谈谈高校青年的责任担当》为题，为2023级本科新生讲授“思政第一课”（见图38）。

9月27日，学院组织师生党员集体观看反诈题材影片《孤注一掷》（见图39）。

图38 学院党委书记李伯军为新生讲授“思政第一课”现场

图39 学院师生党员观影留念

## 10月

10月9日，学院开展本科教学经验分享交流会，特邀电子与信息工程学院副院长刘川教授分享教学经验，宋树芹副院长、院督导组成员及中青年教师代表参加会议（见图40）。

图 40　本科教学经验分享交流会与会人员合影

10 月 27—29 日，学院党委组织的“同心筑梦迎校庆，奋楫扬帆启新程”红色教育培训班于湖南顺利举行，院党委书记李伯军、副书记许俊卿、党委其他班子成员及师生党员代表等 40 人参加培训（见图 41）。党委书记李伯军在培训期间为参训学员做题为《“变”与“不变”——谈谈高等学校关于加强和改善党的领导》的专题辅导报告（见图 42）。

图 41　参训师生党员在韶山毛泽东铜像广场合影

图 42　学院党委书记李伯军为参训人员做专题辅导报告

10月31日至11月3日，学院组织开展2023年度消防演练、实验室安全专项应急演练活动。院党委书记李伯军、副书记许俊卿、院长助理郭双壮与师生共同开展演练（见图43）。

图 43　师生观看消防演示现场

# 11 月

11 月 5 日，学院选送博士生唐培参加中山大学 2023 年学生职业规划大赛，并获得大赛铜奖（见图 44）。

图 44　唐培博士（左三）在颁奖现场

11 月 10 日，广州中大知识产权服务有限公司到学院开展“科技成果转化”专项服务工作（见图 45）。

图 45　科技成果知识产权专项服务交流会现场

11 月 21 日下午，学院召开 2023 年秋季学期全院教职工大会。会议传达了学习学校 2023 年秋季工作会议精神并对近期教学科研等中心工作开展专题汇报。全院百余名教职工参加，李伯军书记传达了学校 2023 年秋季工作会议精神（见图 46），杨国伟院长做总结讲话（见图 47）。

图 46　李伯军书记传达 2023 年学校秋季工作会议精神

图 47　杨国伟院长做总结讲话

11 月 29 日，首届中山大学研究生“逸仙学术之星”会评答辩会在南校园举行，我院 2021 级博士生段家耀荣获“逸仙学术之星”。

## 12 月

12 月 5 日，学院教师第一党支部与生物医学工程学院教职工第一党支部联合开展“立德树人守初心，支部共建聚合力”主题党日活动。双方 20 余人参加活动（见图 48）。

图 48　主题党日活动合影

12 月 7 日，学院在化学材料综合楼 B338 室开展 2024 届考研学子慰问会，并为考研学生发放考研加油包。院党委副书记许俊卿、青年教师专职辅导员于鹏副教授、辅导员罗雅之和罗曼莎、本硕第三党支部代表及 2024 届考研学子参加活动（见图 49）。

图 49　2024 届考研学子慰问会现场师生合影

12 月 14 日，学院教师第三党支部和材料学院教工第四党支部联合开展“材料研究中的科学精神、深度和维度”主题党日活动，围绕“料要成材、材要成器、器要好用”的要求，践行“四个面向”，积

图 50　参加活动人员合照

极开展交流讨论（见图 50）。

12 月 16—18 日，由学院承办，绿色化学与分子工程研究院和科学研究院协办的 2023 年中山大学纳米研究前沿交叉科技论坛在南校园举行（见图 51）。此次论坛邀请了来自国内高校和科研院所纳米领域的专家学者做报告，云集了相关领域学科的科研人员，涵盖了材料生长与合成、表征分析、理论模拟计算、器件制备与应用等研究方向。副校长郑跃教授出席了开幕式并致辞。

图 51　2023 年中山大学纳米研究前沿交叉科技论坛受邀学者合影

图 52　高松校长（右一）为我院王慷同学（左一）颁发一等奖

12 月 17 日，中山大学 2023 年校园歌手大赛总决赛在中山大学深圳校区中山堂举行。学院 2022 级本科生王慷获大赛一等奖（见图 52）。

12 月 17 日，学院举行 2023—2024 学年秋季学期党章学习小组开班仪式，100 余名入党积极分子参加（见图 53）。院党委副书记许俊卿出席仪式并致辞。马克思主义学院马爱云副教授受邀进行授课。

图 53　秋季学期党章学习小组开班仪式现场合影

图 54　师生包饺子

图 55　党委书记李伯军（左二）与教职工一同品尝饺子

图 56　师生共包饺子，参加冬至活动

12 月 22 日，学院在化学材料综合楼举办"'材'暖冬至，如约而至"冬至活动，活动包括猜灯谜、抽奖及师生同包饺子、煮汤圆。院党委书记李伯军、副书记许俊卿和师生一起共度冬至（见图 54、图 55、图 56）。

12 月 23 日，由中山大学党外知识分子联谊会主办、学院承办的"后摩尔时代半导体材料与器件"交叉论坛在东校园化学材料综合楼 C213 室举办。来自电子与信息工程学院的刘川教授，学院的黄智恒副教授、于鹏副教授，集成电路学院的李莎莎助理教授、牟运助理教授，微电子科学与技术学院的黄媛助理教授分别进行了分享（见图 57）。

图 57　交叉论坛现场（左一背对者为刘川教授）

12 月 27 日，学院学生科技创新中心获评“2023 年中山大学优秀学生社团”荣誉称号，学生张益萌获评“优秀学生社团骨干”荣誉称号。

12 月 28 日，学院教师第二党支部与党委统战部党支部联合开展 12 月组织生活，教师第二党支部书记雷宏香教授带领大家学习 12 月组织生活要点，并做了题为《弘扬科学家精神，实现高水平科技自立自强》的主题党课（见图 58）。与会人员共同学习贯彻学校秋季工作会议精神，并围绕党支部统战工作建设进行调研交流。

图 58　联合组织生活会现场（右侧最上者为雷宏香教授）

# 2024年

# 1月

1月4日，学院召开第二届教职工大会暨工会会员大会第四次会议、2023年度中层领导人员述职述廉会（见图1）。院领导班子成员、教职工代表50余人参会，分工会杨建文主席主持会议。会上，中层领导人员进行述职述廉，分别总结了各自分管领域的工作情况，分工会杨建文主席汇报了学院分工会2023年工作的开展情况。

图1　大会现场

1月10日，学院举行2023学年第二学期教学试讲活动，付俊、王山峰等9位拟新开课、开新课的专任教师参加试讲，学院督导组作为考核专家进行考核点评，并就如何讲好课程开展深入探讨与交流（见图2）。

图2　王山峰教授进行课程试讲

1月11日，学院党委召开2023年度党支部书记述职评议会，院党委委员、组织部专职组织员黄海、党支部书记及师生党员代表20人参加会议。会上，李伯军书记传达了习近平总书记在中国共产党第二十届中央纪律检查委员会第三次全体会议上的重要讲话精神；13名党支部书记分别做支部工作报告。

时光荏苒，岁月如歌，十年弹指一挥间，材料科学与工程学院走过了从筹备、成立到发展壮大的十年历程。在学校的正确领导下，学院领导班子带领学院全体师生团结一致，与时间赛跑，朝着既定的目标奋进，推动学院各项事业稳步向前。十年来，学院坚持党建引领，争创一流；坚持学科建设目标，学科发展吹响嘹亮号角；坚持立德树人根本任务，人才培养展现全新格局；坚持“人才强院”发展战略，师资队伍迸发创新活力；坚持“四个面向”战略思维，科技创新事业成效显著。

2024 年，材料科学与工程学院进入了发展新时期，开启了新的十年奋斗征程。站在新的历史起点上，学院将继续扬帆起航、勇创佳绩，为学校建设中国特色世界一流大学贡献力量。

经过十年的发展，支撑学院事业发展的教职工队伍不断壮大，截至 1 月 16 日，学院教职工共有 148 人，其中，专任教师 93 人，党政管理人员 12 人，专业技术人员 5 人，专职研究人员（含博士后）29 人，团队聘用人员 9 人。具体各项人员名单见附件 1。

**附件 1**

## 专任教师名单

（名单截至 2024 年 1 月 16 日，按姓氏笔画排序）

| | | | | | | |
|---|---|---|---|---|---|---|
| 教　授： | 丁　静 | 王山峰 | 王成新 | 王拴紧 | 王维龙 | 田　非 |
| | 田雪林 | 付　俊 | 包定华 | 毕冬勤 | 乔正平 | 刘　卫 |
| | 刘军民 | 刘利新 | 刘　勇 | 衣　芳 | 孙冬柏 | 李树玮 |
| | 杨国伟 | 杨洋溢 | 肖　敏 | 宋树芹 | 张曰理 | 张冰剑 |
| | 张建勇 | 张黎明 | 陆建峰 | 陈永明 | 陈清林 | 林显忠 |
| | 罗惠霞 | 岳　晚 | 金崇君 | 孟跃中 | 柯卓锋 | 奚　斌 |
| | 高海洋 | 崔　浩 | 阎兴斌 | 梁国栋 | 程　度 | 楚　盛 |
| | 雷丹妮 | 雷宏香 | 翟文涛 | | | |
| 副教授： | 于　鹏 | 王志勇 | 艾　斌 | 石铠源 | 石　磊 | 石　毅 |
| | 白　莹 | 朱　剑 | 刘书乐 | 刘志佳 | 刘定心 | 刘　璞 |
| | 孙　勇 | 李正珂 | 李远超 | 李　岩 | 李继玲 | 杨玉华 |

杨功政　杨亚斌　杨建文　吴同飞　吴曙翔　邹逸超
沈　杨　张　鹏　张　振　宋华伟　周业成　周　剑
赵天宇　赵　娟　姚健东　秦　霓　郭双壮　黄世琳
黄汉初　黄华华　黄　盛　黄智恒　彭　飞　蒋旭洲
曾志平　谢　庄　窦青云
讲　师：王　苑　周　晶　舒逸聃

## 党政管理人员名单

（名单截至2024年1月16日）

| 序号 | 姓名 | 职务 / 岗位 |
| --- | --- | --- |
| 1 | 李伯军 | 党委书记 |
| 2 | 许俊卿 | 党委副书记 |
| 3 | 董秋娉 | 党政办公室主任 |
| 4 | 卢斯佳 | 团委书记 |
| 5 | 梁苑蓝 | 人事秘书 |
| 6 | 曹　波 | 党务秘书 |
| 7 | 黄艳月 | 研究生秘书 |
| 8 | 靳静山 | 本科教学秘书 |
| 9 | 袁湛楠 | 科研秘书 |
| 10 | 朱　蕾 | 后勤管理 |
| 11 | 罗曼莎 | 党政专职辅导员 |
| 12 | 罗雅之 | 党政专职辅导员 |

## 专业技术人员名单

（名单截至2024年1月16日，按姓氏笔画排序）

高级工程师：褚燕燕

实　验　师：陈玉静　赵　丹　欧阳红群　丛　杨

## 专职研究人员（含博士后）名单

（名单截至2024年1月16日，按姓氏笔画排序）

专职科研：Ballipalli Chandra Babu　兰柳元　李柏霄　李胤午　佘晓毅　林　露　侯王蒙　黄海华　靖亚茹

博　士　后：S NOUMAN ALI SHAH　王　侃　王俊尧　王烁宇　孔腾飞　叶宗仁　刘天骄　闫　波　江俊杰　李思诗　郑涵斗　陈　思　杨　勇　孟　超　荣　鑫　饶子龙　崔玮丽　曾令勇　谢彦东　熊　黠

## 团队聘用人员名单

（名单截至2024年1月16日，按姓氏笔画排序）

左铭祥　刘裕邦　汤伟珍　麦颖琦　杨武彬　杨洪涛　林冬妮　周　晶　黄梓豪　张嘉颖

# 后　记

1924 年，孙中山先生亲手创立中山大学，“博学、审问、慎思、明辨、笃行”十字校训，激励着一代代中大人严谨治学、探索求真。今年，中山大学将迎来百年华诞。材料科学与工程学院筹建于 2014 年，今年也迎来十周年庆。

2023 年 5 月，在杨国伟院长的提议、李伯军书记的大力支持下，学院将编制学院发展史的计划提上日程。为此，成立了学院院史文化建设专项小组，由杨国伟院长、李伯军书记任组长，许俊卿副书记任副组长，党政办公室主任董秋娉为联络人，开始推进访谈及办学历史资料收集的工作。

从大事记每年的不同记载可以看出学院不同阶段的成长历程：2014 年，更多的是关于学院筹建的记录，从收录的各项筹建报告、会议纪要或可窥见学校和学院对于成立材料科学与工程学院的想法和办学理念；2015—2016 年年初的大事记，主要记录学院正式成立前后有关人员任命、教职工人事调动、建章立制的内容；2016 年后期及之后的记录，更多的是学院开展的各项教学、科研、人才培养、合作交流等中心工作。

这些看似平常、琐碎的记录，都是在学院工作、学习过的师生共同谱写的学院办学历史。可以说，这部大事记是学院全体师生的共同作品。再过十年、二十年，在学院工作、学习过的师生将会更换一大批，若不及时整理和记录，很多大小事件将湮没在历史的尘埃里。本书的出版既是为今人保存记忆，也是为后人留下印记。

本书的编撰得到了学院上下的支持，杨国伟院长确定书稿框架、校订文稿、提供资料，并帮助解决资料收集、编辑修订过程中遇到的各种问题。李伯军书记把方向、管大局，协调各方，为学院争取学校文化传承创新重点发展项目的支持提供了至关重要的帮助。许俊卿副书记负责大事记出版的具体实施工作，组织和激励学生志愿者参与资料收集并亲自修订文稿。党政办董秋娉具体参与资料收集、文稿修订的全过程，她主要利用下班和周末时间投入编修工作。毕业生肖子博也为大事记的编写做出了重要贡献，她利用备战研究生考试的间隙，投入大量时间进行资料收集。离开学院的师生也给予了许多宝贵建议，学院新闻中心保存的大量原始照片、视频资料，为本书的配图整理、事件梳理提供了很大帮助。

编撰这本大事记，主观上是希望广泛利用学院现存的资料，尽量全面、客观、准确地记录学院从筹建至今十年的办学发展历史，既反映出师生在学院建设中做出的贡献，也反映出学院本身在学科建设、人才培养、科技创新、文化传承方面的发展。但是，本书编写人员的学识、水平有限，记录可能有不全面的地方。对于资料，我们也尽量收集当时的新闻及记录，并对不清晰的地方进行访问调查。然而，可能资料仍然有所缺乏，也难免存在不足之处。本书定名为《中山大学材料科学与工程学院大事记（2014—2024）》，是要表明，本书的记录只是学院十年办学史的一部分。希望日后，我们对学院发生的事件能做好翔实的记录，在条件成熟时，再依靠有心、有学识之人编写出高水平的院史。